頭のいい子が育つ 東大式 キッズ手品

監修
東京大学奇術愛好会

主婦の友社

もくじ

☆☆☆ — かんたん
☆☆☆ — ふつう
☆☆☆ — がんばれ！

この本の見方	4
小さなマジシャンたちへ	6
手品がじょうずになる練習のコツ	48
手品から始まること	127

1章　超ウケ手品10

1	くしをさしてもわれない風船	☆☆☆	8
2	水がこぼれないビニールぶくろ	☆☆☆	10
3	はがきのふたは水にも負けない	☆☆☆	12
4	10円玉はいくつ入るかな？	☆☆☆	14
5	グーの中をパーでお見通し	☆☆☆	16
6	いっしゅんで消える10円玉	☆☆☆	18
7	落ちそうで落ちないコイン	☆☆☆	20
8	足が上がらなくなるまほう	☆☆☆	22
9	わりばしのシールがふえたり消えたり	☆☆☆	24
10	字がさかさまになっちゃった	☆☆☆	28

2章　考える力がつく手品

なかよしクリップ	☆☆☆	30
大きくなる5円玉のあな	☆☆☆	32
十字が四角に大へん身	☆☆☆	34
はがきのわっかくぐり	☆☆☆	36
サイコロの目を見ないで足し算	☆☆☆	38
すきな数字がパッと9こ行列	☆☆☆	40
うでをすりぬけるフシギなロープ	☆☆☆	42
外れないはずのひもがスルッ！	☆☆☆	44
生まれた月を暗算で当てちゃおう	☆☆☆	47

3章 集中力がつく手品

トランプがうかぶちょうのう力	⭐⭐☆	50
バランスをとる名人なんです	⭐☆☆	52
あなたのエースはこれですね	⭐☆☆	56
こすって1こへらしちゃおう	⭐☆☆	60
すきなフルーツを当てよう	⭐⭐⭐	63
紙コップの中が見える見える	⭐⭐⭐	68
わゴムの光速スピードい動	⭐⭐☆	70
1円玉だけ取り出せるかな？	⭐☆☆	72
おさつにあなをあけちゃった!?	⭐⭐☆	74
おさつを二つに切っちゃった!?	⭐☆☆	78

4章 理系力がつく手品

思い通りにゆれるふり子	⭐⭐☆	84
思い通りに切れる糸	⭐⭐☆	86
だんだん見えてくる10円玉	⭐⭐⭐	88
うかんで消える10円玉	⭐⭐☆	90
ひとつだけ落とせない10円玉	⭐⭐⭐	92
ハンドパワーで回る風車	⭐⭐☆	94
あなが大きくなった!?	⭐⭐⭐	96
ティッシュのフラダンス	⭐⭐⭐	98

5章 コミュ力がつく手品

手のひらで頭の中をお見通し	⭐⭐☆	100
指に丸じるしが写っちゃった	⭐⭐☆	102
消すものをまちがっちゃった	⭐⭐☆	104
あなたの見たカードは3ですね	⭐☆☆	106
ねん力でのぼる5円玉ロープウエー	⭐⭐☆	110
新聞紙が消してしまうもの	⭐☆☆	112
うちゅうエネルギーでおどるペン	⭐☆☆	116
10倍になる虫めがね	⭐⭐☆	120
うかぶペットボトル	⭐⭐☆	123
見えない糸でハンカチが動く	⭐☆☆	124

この本の見方

すぐに手品を楽しむために、まずはこの本のルールを知っておこう!

むずかしさ
色がついた星の数が多いほうが、かんたんな手品です。さいしょはかんたんな手品から練習して、うまくできるようになったら、むずかしい手品にチャレンジするといいよ。

★★★ かんたん
★★☆ ふつう
★☆☆ がんばれ!

セリフ
ページの中でフキダシに入っている言葉は、手品をする人が言うセリフです。手品になれてきたら、見ている相手に合わせて言葉を少しかえたり、わらえるセリフにしたりしてもいいね。

どうなってるの?
手品のタネあかしや、どうしてフシギなことが起こるのかのせつ明です。わからないところがあったら、まわりの大人の人に聞いてみてね。

用意するもの
その手品をするときに使う道具。身近なものばかりで、とくべつなものはありません。手品を始める前にそろえておこう。

ポイント
手品をじょうずに行うための、指の動かし方や、道具の使い方のコツなどが、こまかくせつ明されています。

アレンジしてみよう
やり方がせつ明されている手品をちょっとだけかえて、べつの見せ方ができる場合、そのやり方のせつ明です。

これは2ページだけのかんたんな手品だよ

動画が見れるよ！

> わからないときは、大人の人にやってもらってね

手の動きを見たい手品や、やり方がちょっとむずかしい手品は、スマホやタブレット、パソコンから動画も見ることができます。本と少しちがったアレンジの動画もあるので、研究してみてね。

動画の見方

QRコード

① 左のQR（キューアール）コードを、スマホやタブレットで読みとります。
② この本のせつ明があるインターネットのページへ進むので、そのページの下のほうを見てください。手品の名前が書かれたボタンがならんでいるので、動画を見たい手品のボタンをおします。
③ インターネットの動画（YouTube・ユーチューブ）へ、そのまま進んで見ることができます。

パソコンを使うときや、QRコードがうまく読みとれないときは、下の文字（ホームページアドレス）を打ちこむと、手品のボタンがあるページへ進めるよ。
https://books.shufunotomo.co.jp/book/b370524.html

＜大人の方へ＞動画サービスについては、予告なく終了させていただく場合があります。あらかじめご了承ください。
スマホの機種などによっては、QRコードを読み取れない可能性があります。

数字のついたポイント
「ポイント」のあとに数字がついているものは、その数字のせつ明に書かれていることとかん係したコツです。

> これは4ページあるちょっとむずかしい手品だよ

つづくマーク
右下に「次のページへつづく」とある手品は、2ページでせつ明が終わらず、3～5ページある長めの手品です。

長めのせつ明
少しむずかしい手品は、「どうなってるの?」や「ポイント」のせつ明も長くなります。しっかり読んで、わかってからチャレンジしてみてね。

小さなマジシャンたちへ

どんな手品にもタネがあります。
でも、タネを知れば手品ができるようになるというわけではありません。
手品には、タネをかくすためのくふうがあります。
言葉や動作を使って、相手に思いこみやかんちがいを起こさせるのです。
そのためには、相手をよくかんさつしなければなりません。
「考える力」だけでなく「感じる力」も大切なのです。

たとえばゲームをやっていて、「どうなってるの？」「どこがコツなんだろう？」
「ほかのやり方はないかな？」と思ったら、考えたり、調べたり、
だれかに教わったり、そして練習したりしますよね。
できないからチャレンジする。チャレンジするからできるようになる。
できるようになるから楽しい。
手品だって、勉強だって同じだと思います。

手品は、見るだけでも楽しいけれど、自分でえんじるのはもっと楽しいものです。
手品をえんじる楽しさをたくさんの子どもに知ってほしいと思い、わたしたちはこの本を作りました。
手品は、ものごとの新しい見方や、ワクワクする気持ちを生み出してくれます。
そして、大きな世界への入り口に立たせてくれます。
ようこそ、マジシャンの世界へ！

東京大学奇術愛好会

こんな活動をしてるよ！

東京大学という大学で、手品のすきな人たちが集まった会です。

ようち園や小学校で
キッズショーもしています。

大学や外でのステージで、
手品をえんじます。

ふだんはみんなで
手品の練習をしています。

1章 超ウケ手品10

むずかしいテクニックはいらないけれど、
ビックリ度まん点で、もり上がることまちがいナシ！
人気者になれちゃう、
トップ10の手品だよ。

超ウケ手品10

がんばれ！

1 くしをさしてもわれない風船

風船にとがったものをさしたら、われちゃうよね。
でも、さしてもわれない
風船マジックをお見せしましょう！

用意するもの
・風船
・くし（竹でも金ぞくでもOK）

ここに風船とくしがあります。タネもしかけもありません

では、この風船に、くしをつきさしてみましょう

1 風船は、みんなの前でふくらませ、だれかにわたして、何のしかけもないことを、たしかめてもらいましょう。

2 くしの先を風船に近づけます。見ている人がドキドキするように、こわごわやるふりをしましょう。

ポイント 1
くしが短いと、風船をくしざしにできません。ふくらませた風船の大きさと、くしの長さを、たしかめておきましょう。

ポイント 2
パンパンになるまで風船をふくらませると、われやすくなります。入れる空気は、70パーセントぐらいまでにしましょう。

❓ どうなってるの？

空気を入れた風船は、ゴムがのびています。のびたゴムはちぢもうとするので、風船の表面は引っぱられています。だから、とがったものをさすと、そこに引っぱる力がはたらいて、風船がわれてしまうのです。ところが風船には2カ所だけ、ゴムがあまりのびていなくて、引っぱる力の弱いところがあります。そこなら、くしをさしても風船はわれません。

くしをさすところ

3 くしがうまくささったら、ゆっくりとおしこんでいきます。

> えいっ！

4 くしの先が風船から出てくるまでおしこんだら、みんなにわたして、見せてあげましょう。

> ほら、この通り。風船のくしざしができました

ポイント 3
われやすさは、風船によってもちがうので、本番で使うものと同じ風船で練習しておきましょう。

超ウケ手品10

2 | 水がこぼれないビニールぶくろ

がんばれ！

えん筆をさすたびに、「わー、水がこぼれちゃう！」って
ハラハラ、ドキドキ。
みんなでもり上がれる手品です。

用意するもの
・ビニールぶくろ（ポリぶくろ）
・えん筆　5〜6本
・水

ビニールぶくろに水が入っています

このふくろに、えん筆をつきさしてみましょう

1 水をたっぷり入れたビニールぶくろを、しっかりにぎってぶら下げます。

2 ふくろにえん筆の先を向けます。「水がかかっちゃうかもしれないよ」とおどかしておくと、おもしろいかも。

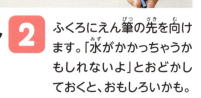

ポイント 1
とう明な「ビニールぶくろ」や「ポリぶくろ」を使いますが、ふくろによっては、水がこぼれてしまうものもあります。また、だいじょうぶなものでも、えん筆をさせる本数はちがいます。かならず本番前にためしておきましょう。

ポイント 2
えん筆は、丸いものでも六角形のものでもオーケー。しんの先を、しっかりとがらせておきましょう。

❓ どうなってるの？

「ビニールぶくろ」「ポリぶくろ」と呼ばれているものの多くは、ポリエチレンがざいりょうです。ポリエチレンには、わずかなねつでも、ちぢむせいしつがあります。えん筆をさしたとき、えん筆とこすれて発生するねつでふくろがちぢみ、えん筆をギュッとしめつけるので、水がこぼれないのです。

えいっ!

たくさんさしても、水はこぼれません！

3 えん筆を半分くらいさしこんだら、手をはなしてみせます。

4 つづけて何本かさしていきます。1本さすたびに「ふ〜っ」とため息をついたりして、ハラハラさせましょう。

ポイント 3
えん筆をさすときは、思い切って一気につきさしましょう。ゆっくりさすと、しっぱいすることがあります。

ポイント 4
● 2本めからは、えん筆とえん筆の場所が近くなりすぎないようにさしましょう。近すぎると、水がもれやすくなります。
● ふくろやえん筆のしゅるい、さし方などによって、させる本数はかわるので、先にためしておきましょう。たくさんさしすぎないことも大切です。

超ウケ手品10

⭐⭐⭐ ふつう

3 はがきのふたは水に負けない

はがきでふたをした、水の入ったコップを引っくり返してしまいます。
「あっ、こぼれちゃう!」でもだいじょうぶ。
はがきのふたは強いんです!!

1 コップに水を注いでいきます
ペットボトルやピッチャーなどに入れておいた水を、コップに注ぎます。

2 これくらいでいいかな?
コップの半分より少し多いくらいまで、水を入れます。

3 上にはがきをのせます
水が入ったコップの上の真ん中に、はがきをおきます。

4 はがきを上からおさえて…
はがきをコップに手でしっかりおしつけます。

用意するもの
・コップ
・はがき
・水

ポイント
- はがきが曲がっていたり、しわになっていたりすると、水がこぼれることがあります。できるだけ、ピンとしたはがきを使いましょう。
- 万が一、水がこぼれてしまったときのために、下にせん面器などをおいておくといいでしょう。

引っくり返しますよ

5 はがきをしっかりおさえたまま、ゆっくりコップを引っくり返します。はがきが動かないよう注意しましょう。

どうなってるの？
水がはがきをおす力と、はがきを下からおしている空気の力のバランスがとれているから、はがきは落ちないのです。

この手をはなすと、どうなるかなあ？

えいっ！

パッ！

6 引っくり返し終わったら、そのままの様子をしばらく見せます。みんなをハラハラさせましょう。

7 はがきをおさえていた手をはなします。はがきのふたは外れないので、水はこぼれません。

13

⭐⭐⭐ かんたん

超ウケ手品10

4 | 10円玉はいくつ入るかな？

「えっ、まだこぼれないの？」と、みんなビックリ。
水をこぼさずに10円玉を何まい入れられるか、
きょうそうしても楽しいかも。

コップに水を入れます

1 ペットボトルやピッチャーなどに入れておいた水を、コップに注ぎます。

いっぱいになりました。あふれそうですね

2 コップのふちギリギリまで水を入れます。あふれないように気をつけましょう。

10円玉を入れていきます

3 10円玉をたて向きにして水に入れます。指が水にさわらないようにしましょう。

用意するもの
・とう明のコップ
・10円玉 たくさん
・水

ポイント
● コップの大きさや形によって、入る10円玉の数はちがいます。思ったよりたくさん入るので、本番前にためしておき、十分な数の10円玉を用意しておきましょう。
● 10円玉がよごれていると、あまりたくさん入りません。使う10円玉は、きれいにふいておきましょう。

? どうなってるの？

水には「表面ちょう力」という力があります。水の小さなツブ（分子）がおたがいに引っぱり合って、バラバラにならないようにしているのです。水がコップからもり上がっていてもあふれないのは、この力がはたらいているからです。

| 何まい入るかな？ | まだまだ入るよ | そろそろあふれちゃうかも～ |

4 1まいずつ、ゆっくりしずかに入れていきます。

5 水があふれるまで入れていきましょう。コップの水がもり上がってからも、びっくりするほど入りますよ。

アレンジしてみよう

石けんやせんざい、油などを少しぬった10円玉を入れると、とたんに水はあふれてしまいます。これを利用して、手品を少しかえてみるのも楽しいでしょう。
たとえば、手品を始める前に「5まいめで水をあふれさせてみましょう」と言っておいて、5まいめにせんざいをぬった10円玉を入れれば、予言が当たったように見えますね。

⭐⭐⭐ ふつう

超ウケ手品10

5 グーの中をパーでお見通し

どっちの手にコインをにぎったか、見ていないのにズバリ当てちゃいます。えっ、ハンドパワーでわかるの!?それとも中が見えてるの?

> タネもしかけもありません。どうぞ、たしかめてください

1 相手にコインを1まいわたします。

> 後ろを向いているから、好きなほうの手ににぎってください

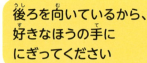

2 後ろを向いてから「にぎってください」と言いましょう。

> では、にぎった手をおでこに当てて、手にねん力をこめてください

> 実はわたしは、ねん力を感じることができるから、あとでどっちの手だったか、当てられるんですよ

3 相手に、コインをにぎったほうの手だけをおでこに当ててもらいます。

ポイント 3

このセリフは、ゆっくり言いましょう。「いいですか? しっかりねん力をこめていますか?」などとくわえてもかまいません。実は、<u>ここで時間をかけたい</u>のです。

用意するもの	ポイント
コイン	●コインは何円玉でもかまいません。にぎって手の中にかくれるものなら、コインでなくてもかまいません。

では、両手をにぎったまま、同じようにならべて前に出してください。いいですか？

はい

4 相手が、両手を前に出したことをたしかめたら、すぐに向き直ります。

コインはどっちかなあ？ねん力を感じるほうなんだよねえ

5 相手のにぎった手に自分の手のひらをかざして、左右に行ったり来たりさせながら、ねん力を感じているふりをします。

わかった！こっちでしょ！！

当たった！

6 コインをにぎっているほうの手を指さします。

? どうなってるの？

●血は下のほうに下がるので、上げていたほうの手（コインをにぎっている手）は血が引いて白っぽく見えます。反対に、上げていなかったほうの手はほんのり赤く見えます。両手をよく見くらべて、そのちがいがわかれば、どっちの手でコインをにぎっているか当てられるのです。

●自分の手で試してみて、どっちの手が白っぽくなっているか見分けがつくようになってからのほうが、せいこうしやすくなります。

にぎっていた手 ➡ 白っぽい

17

⭐⭐⭐ かんたん

6 | いっしゅんで消える10円玉

超ウケ手品10

しずかにサラサラと手を動かしているだけで、あっという間に10円玉が消えてしまう、とてもスマートな手品です。

用意するもの
・ビニールテープ
・10円玉
・紙

ビニールテープと10円玉があります

1 ビニールテープに軽く手をかけます。

2 ビニールテープを手でおおうように持ちます。

3 ビニールテープを持った手を10円玉の上に動かしますが、うかせたままで、10円玉の上にはまだのせません。

4 ビニールテープを持った手を少し横にずらし、10円玉があることを見せます。

🔸ポイント

さいしょとさい後のセリフのほかは話さず、だまってやりましょう。少ない道具を使って、せまい場所でやる手品なので、「テープで10円玉を消します」などと言うと、テープに注目が集まって、バレやすくなるからです。流れるようにスムーズに手を動かしましょう。

5 ビニールテープを持った手を、また10円玉の上に持っていき、今度はビニールテープを10円玉の上におきます。

6 まるで10円玉をにぎっているような手つきで、手を横にどけます。

「あれっ。10円玉がなくなりました」

7 にぎった手を開いて、10円玉がなくなっていることを見せます。

❓どうなってるの？

● ビニールテープのうらがわに、テーブルと同じ色の紙をはっておきます。つまり「ビニールテープの真ん中はあながあいていて、そこからテーブルが見えている」という思いこみを利用するのです。

● 同じ色の紙を用意できないテーブルの場合は、テーブルの上に紙をしいて、それと同じ紙をビニールテープのうらにはってやりましょう。

19

超ウケ手品10

⭐⭐⭐ かんたん

7 | 落ちそうで落ちないコイン

おり曲げたおさつの上にのせたコイン。
おさつを少しずつのばしていって、
真っすぐにすると……あれっ!? 落ちないよ！

用意するもの
・1000円さつ
・10円玉

> ここに1000円さつと10円玉があります

> 1000円さつの上に10円玉をのせてごらんに入れましょう

ポイント
- おさつなら1000円さつでなくてもいいし、コインなら10円玉でなくてもできます。
- テーブルの上がザラザラしていたりデコボコしていて、おさつが引っかかるようだと、しっぱいしやすくなります。

1 1000円さつと10円玉をみんなに見せましょう。

> まず、1000円さつを二つにおります

2 1000円さつを真ん中でていねいにおります。

> ちゃんとおりますよ

3 しっかりおったほうがいいので、テーブルの上において、指でおさえており目をつけます。

20

上に10円玉をのせます

4 90度くらいにおった1000円さつのおり目の上の角に10円玉をのせて、1000円さつの両はしを持ちます。

ポイント 4

おったおさつは、向こうがわに向けて持っても、こっちがわに向けて持ってもかまいません。

少しずつ開いていきます

❓ どうなってるの？

おさつとコインがふれているところ全体に同じように重さがかかっているわけではなく、いちばん重さがかかる点（重心）があります。コインはその部分に乗っかったじょうたいで、そのほかの部分には重さがかかっていないので、おさつにつられて動いて落ちることはありません。==重さがかかる点はおさつの動きに合わせてかわっていき、しぜんにバランスがとれるので、コインは落っこちないのです。==

よく見ていてくださいね。どんどん広げていきますよ

5 10円玉を落とさないように気をつけながら、ゆっくり1000円さつを広げていきます。

はい！ 真っすぐになっても落ちません

6 1000円さつがほぼ真っすぐになったら、手を止めて、みんなにアピールしましょう。

21

★★★ かんたん

超ウケ手品10

8 | 足が上がらなくなるまほう

本当に「まほうをかけられた」としか思えないほど、
フシギな気持ちになります。
だって、どうしても足を上げられないんだよ〜！

かた足バージョン

「左足の外がわが、かべにぴったりくっつくように立ってください」

「これでいい？」

ぴったりくっつける

1 相手の足の外がわ全体が、かべにぴったりついているか、たしかめましょう。

「では、右足が上がらなくなるまほうをかけますよ」

「右足をゆっくりと上げてください」

「あれ!? 上がらないよ〜」

ちちんぷいぷい！

2 足にまほうをかけるまねをしましょう。じゅもんのような言葉をとなえても楽しいよ。

ポイント 1
左右はぎゃくでもできます。

❓ どうなってるの？
左足だけで立つためには、体全体の重さ（重心）を左がわにかけて、バランスをとらないといけません。でも、**体の左がわがかべにくっついていると、重心を左がわにかけられません**。だから、右足を上げようとすると、右がわにかたむいてたおれそうになり、右足を上げられなくなるのです。

かかとバージョン

1 ドアを開いて、足の先がドアをはさむくらい、おでこをぴったりくっつけてもらいます。

2 足にまほうをかけるまねをしましょう。

ポイント 1
かべに向かって、おでこをぴったりくっつけて立ってもらってもできます。

? どうなってるの?

かかとが上がらなくなる理由は「かた足バージョン」と同じです。かかとを上げるためには、重心を体の前にかけなければならないのに、それができないから、かかとを上げることができないのです。

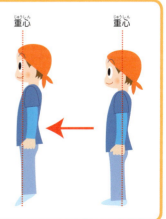

23

⭐⭐⭐ ふつう

動画が見れるよ！
動画のせつ明は5ページを見てね

超ウケ手品10

9 わりばしのシールがふえたり消えたり

わりばしをクルッと回すだけで、シールがあらわれたり、なくなったりします。みんなの目をだませるよう、指先のテクニックをみがこう！

用意するもの
・わりばし　一組
・シール　シート1まい分

ここに、わりばしとシールがあります

1 テーブルの上にシールのシートをおき、その上のほうにわりばしをさし出します。

わりばしのうらにも何もありません

2 わりばしを起こして、うらを見せます。ただのわりばしだということを相手にかくにんしてもらいます。

ところが、わりばしをふると…

3 シールの上で、わりばしを左右にふります。

わりばしにシールがはりついちゃいました

4 わりばしにシールがくっついているのを見せます。

シールは、うらにも表にも くっついています

5 さいしょと同じように、わりばしを起こしながら、うらと表を見せます。

ポイント
さいしょはむずかしいと思いますが、コツをつかむと意外とかんたんです。動画も見ながら、わりばしを指先ですばやくクルッと回す練習をしてみてください。

ところが…

シールは消えてしまいました

6 わりばしの先を手のひらでにぎって手を開くと、シールがなくなっています。

次のページへつづく

25

? どうなってるの？

実は、はじめからわりばしのかたがわにだけシールをはっています。わりばしを動かしてみせるとき、表とうらを見せているふりをしているだけで、本当はかたがわしか見せていません。そのときの動きを分かい写真にしたので、よく見て練習してください。わりばしを持っている指先で、くるんと引っくり返しているのです。

1～2 のとき （5のときは同じ動きで、シールがはってある面から始める）

9 わりばしのシールがふえたり消えたり

①　← 相手に見せる面

②

③

④

はじめはシールをはってないほうの面を見せます。

うらを見せるふりをするために、②～⑦ではわりばしを起こしながら、指先ですばやく回しています。

⑤

⑥　相手に見える面はシールがないほう

⑦

⑧

6 のとき

シールのあるほうの面を見せる。

❷〜❻では相手に気づかれないよう、わりばしを指先ですばやく回しています。

反対がわの面（シールのないほうの面）を上にしたまま、わりばしをにぎります。

手を開いたらシールが消えたように見えます。

☆☆☆ かんたん

超ウケ手品 10

10 | 字がさかさまに なっちゃった

ちゃんと書いたつもりなのに、
字の向きがさかさまになってしまいます。
自分もいっしょに書いてみてもいいね。

用意するもの
- 紙（ノートや小さめのスケッチブックなどが書きやすい）
- ペン

紙をおでこに当てて、目をつぶってください

1 相手に、おでこに紙を当てて、目をつぶってもらいます。

ひらがなの「あ」を書いてください

2 紙に文字を書いてもらいます。こうすると、たいていの人は、左右さかさまの字を書いてしまいます。

? どうなってるの？

このまま文字を書くと、書いているときの自分のがわから見たとき（紙をすかして見た場合）に、正しい向きになるように書いてしまうのです。これは、のうのさっかくのせいで起こります。

ポイント

先に「文字がさかさまになる」と言ってから書いてもらうと、がんばって正しい向きになるように書いちゃう人もいるので、字がさかさまになるってことは言わないで書いてもらいましょう。

2章 考える力がつく手品

どうしてこうなるの?
どんな仕組みになってるのかな?
うまくやろうとがんばれば考える力がアップする、
ちょっとフシギな手品です。

考える力がつく手品

★★★ かんたん

なかよしクリップ

おさつのはしを引っぱっていくと、あれあれ、フシギ！　はなれていたクリップどうしがくっついてしまいます。

用意するもの
- おさつ
- クリップ 2こ

1 1000円さつと二つのクリップを用意しました

相手にわたして、タネもしかけもないことをたしかめてもらいましょう。

2 おさつをこのように曲げます

上の写真のように、おさつを曲げます。

3 クリップでとめます

おさつのかた方のはしと、曲げたところをクリップでとめます。

ポイント
おさつは何円さつでもかまいませんが、おったあとのない、ピンとした新しいおさつのほうがうまくできます。

30

反対がわも同じようにとめます

4 同じように、反対がわのおさつのはしと曲げたところをクリップでとめます。

上から見ると、こんなふうになっています

5 おさつの両はしを持って上がわを相手に向け、クリップでとめた様子を見せます。

さて、これがどうなるのでしょうか？

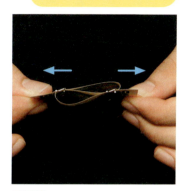

6 おさつの両はしを左右にゆっくりと引っぱっていきます。

両はしを引っぱっていきますよ

7 さらに両はしを引っぱります。

あ〜、やぶれちゃいそう！

8 相手がハラハラするよう、ここでいったんやめましょう。

9 左右に引っぱりきります。

はい、なぜかクリップがくっつきました

？ どうなってるの？

クリップがくっつくことに、とくにヒミツやしかけはありません。フシギだけど、写真の通りにやれば、だれでもできる手品です。

31

★★★ かんたん

考える力がつく手品

大きくなる5円玉のあな

5円玉のあなより、ビー玉のほうが大きいよね。
でも、なぜか5円玉のあなを、
ビー玉が通りぬけちゃいます。あなが大きくなったの？

用意するもの
- 500ミリリットルのペットボトル
- ラップのしん
- ビー玉
- 5円玉

これから、ビー玉を5円玉のあなに通してみせますよ

1 ペットボトルの口の上に5円玉をのせます。

ビー玉が真っすぐ落ちるように、つつをかぶせます

上からビー玉を落とすので、よく見ていてください

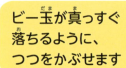

2 中に何もないことを見せてから、つつ（ラップのしん）をかぶせて、ペットボトルといっしょにしっかり持ちます。

ワン、ツー、スリー！

3 つつの上からビー玉を落とすと、5円玉にぶつかる音がして、ビー玉がペットボトルの中に落ちてきます。

🔶 ポイント

ラップのしんの太さ、ビー玉の大きさや重さによっては、うまくいかないこともあります。ためしてみて、うまくいくものを見つけましょう。

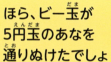

ほら、ビー玉が5円玉のあなを通りぬけたでしょ

4 つつを外して、5円玉がのったままだということを見せましょう。

❓ どうなってるの？

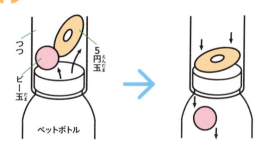

つつの中でビー玉が5円玉にぶつかると、ビー玉と5円玉がいっしょにはね上がります。

5円玉は軽いから、ビー玉より高くはね上がり、重いビー玉が先にペットボトルの中に落ちます。あとから落ちてくる5円玉は、ペットボトルの口には入らないので、元のようにのっかります。

33

考える力がつく手品

★★★ かんたん

十字が四角に大へん身

図形を使った手品です。はさみで切ると、紙がバラバラになるような気がするけど、なんと四角になっちゃう。みんなフシギがるよ！

用意するもの
- 十字に切った紙
- セロハンテープ
- はさみ

1 ここに十字に切った紙があります

ポイント 1

十字のたてと横の長さは同じでもかまいませんが、どちらかを長くしておくほうが、あとで切りやすいのでおすすめです。

十字の形には、あらかじめ切っておいても、みんなの前で切ってもかまいません。

2 それぞれをテープでとめて、二つのわを作ります

写真のように、2カ所をセロハンテープでとめて、わを二つ作ります。

> 二つできたわの真ん中を、はさみで切っちゃいます。さあ、どうなるかな?

3 写真のように、二つのわを、それぞれ真ん中で切ってしまいます。

> では、広げてみましょう。バラバラになっていると思うでしょ?

じゃ〜ん!

4 紙がやぶれないように気をつけながら、ゆっくり広げます。すると、バラバラになっていないどころか、四角くなっています。

❓ どうなってるの?

この写真と図をよく見てください。テープでくっつけるところを記号で、切り分けられるところを色で、わかりやすくしています。バラバラにならずに、四角くなる理由がわかるかな?

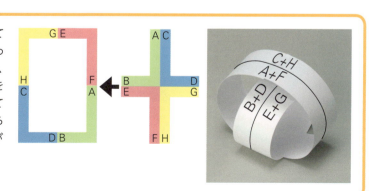

35

☆☆☆ かんたん

考える力がつく手品

はがきのわっかくぐり

小さなはがきから、体が通りぬけるほど大きなわっかができるから、フシギ！
いちばん大きなわっかを作れるのはだれかな？

用意するもの
・はがき
・はさみ

はがきを半分におります

1 はがきを半分におって、長四角にします。

はしをのこして、はさみで切ります

おったところ / ここは切らない

2 はがきのはしの、おってあるほうからはさみで切ります。はしまで全部切らずに、少しだけのこしておきます。

引っくり返して、また切ります

3 はがきの上と下を引っくり返して、**2**で切ったところの横を同じように切ります。

どんどん切ります

4 同じように、引っくり返しながらじゅん番に切るのを、反対のはしまでくり返します。さい後に切るのは、2と同じように、おってあるほうからにしてください。

さい後、ここを切ったらでき上がり

両はしは切らないで！

5 両はしをのこして、ほかのおり山を切りはなします。

こんなに大きなわっかができた！

6 おり山を全部切り終わったら、ちぎれないように、ゆっくりと広げましょう。

❓ どうなってるの？

点線は、はさみで切るところです。切り方をよく見てください。広げると、細いおびのようになった紙がつながって、わになっていることがわかります。

半分におって切るところ。

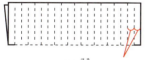

ここのはばを細くするほうが、大きなわを作れるよ。

広げると、こうなります。

細くしすぎるとちぎれやすくなるから気をつけて！

⭐⭐⭐ かんたん

考える力がつく手品

サイコロの目を見ないで足し算

相手がふったサイコロの目の合計を、見ないでズバリ当てちゃいます！
かんたんな足し算ができれば、だれにでもできるよ。

用意するもの
サイコロ 2こ

サイコロの目を見ないで足し算

このサイコロにはタネもしかけもありませんから、たしかめてください

1 相手に2このサイコロをわたします。

このサイコロをふって、出た目を足していってもらいます

わたしはそれを見ずに、合計を当てます。だから、足した数は口に出して言わないでくださいね

2 これからやることをせつ明してから、後ろを向きましょう。

❓ どうなってるの？

サイコロの目は、表とうらを足すと、かならず7になるようになっています。
これを用しているのです。写真の場合でせつ明しましょう。

1 あなたが見ていないのは、**3**と**4**のときの目「1」と「6」ですね。これは表とうらなので、見ていなくても合計「7」とわかります。

2 この「7」に、**5**の二つのサイコロの目の合計を足すだけです。**5**では「3+5」で「8」なので、「7+8」で「15」になります。

★つまり、見ていないときの目が何であっても合計は「7」なので、**5**の目の合計に「7」を足せばいいだけなのです。

3 後ろを向いたまま、やることを相手にせつ明します。あなたは見ていないので、もちろん出た目の合計を知りません（写真では、3+1で4）。

4 後ろ向きのまま、次にやることのせつ明をします（写真では、引っくり返すと6なので、4+6で10）。

5 ここまで後ろ向きのまませつ明します。相手が数を合計し終わったら、元の向きにもどります（写真では、出た目が5なので、10+5で15）。

6 二つのサイコロをじっと見て、考えているふりをしましょう。

7 みごと、あなたは合計を当ててしまいます。

すきな数字がパッと9こ行列

ふつう ★★★

かんたんなかけ算ができれば、
すぐにできる手品です。
算数がおもしろくなるかもしれないね！

用意するもの
電たく
（10ケタ表じのもの）

まずは

相手に見えないように、始める前に、電たくに「12345679」と打ちこんでおきます。「8」は打たないよう気をつけて！

1

1から9までの中で、すきな数字をひとつ言ってください。あっという間に、その数字を9こならべてみせましょう

電たくの数字がならんでいるところを見せないようにして、相手にすきな数字を言ってもらいましょう。

8

2 では、キーを四つだけおします

× 7 2 =

相手が言った数字に9をかける暗算をして、その答えを「12345679」にかけます。たとえば、相手が「8」と言ったら「9×8＝72」なので、「×」「7」「2」「＝」のボタンをおします。

ポイント 2

相手が「1」と言ったときだけは、「9×1＝9」なので、おすボタンは「×」「9」「＝」の三つだけでだいじょうぶです。そのほかの数字のときは、四つになります。できるだけすばやくおしましょう。

> **ポイント**
>
> 電たくは、画面のところに数字が10こならぶ、10ケタ表じのものを使いましょう。数字が八つしか表じできない8ケタの電たくでは、この手品はできません。電たくがないときは、スマホに入っている電たくが使えることもあります。大人の人に聞いてみてね。

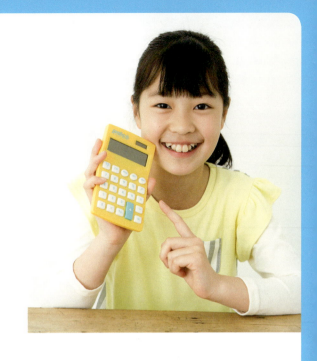

3

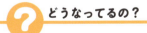

4回おしただけなのに、8が9こもならんでいるよ

ここで電たくを見せます。相手が言った「8」が、9こならんでいます。

すご〜い

> **？ どうなってるの？**
>
> 「12345679」は、「9」をかけると「111111111」になります。だから、相手が言った数に「9」をかけた答えをかけると、その数字が9こならぶというわけです。
>
> 12345679×9=111111111
> 12345679×9×8=888888888
> └─ 相手の指定した数字

41

⭐⭐⭐ ふつう

うでをすりぬける フシギなロープ

しっかり組んだうでに通したロープ。
ぬけるわけないのに、なぜかスルッとぬけちゃいます。
相手の頭の中は「?」だらけに！

用意するもの
ひも
（はしをむすんで わにする）

---

1 写真のように相手に両手の指を組んでもらい、ひもをかたうでに通します。

2 写真のように、ひもを引っぱりながら、自分の両手を左右に開いたりとじたりします。

両手をしっかり組んでください。うでにひもを通しますね

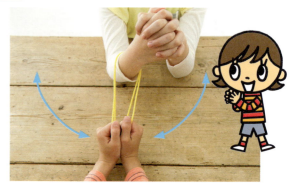

ひもをぬきたいんですけど、これではぬけませんねえ

---

3 開いたりとじたりを、何度かくり返すと…

4 ぬけるはずのないひもが、相手のうでからぬけてしまいます。

あれあれ？

ぬけちゃいましたよ！

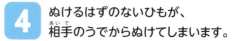

42

ポイント

- ひもの長さや太さに決まりはありませんが、短すぎたり細すぎたりするとやりにくく、長すぎるとしかけがバレやすくなります。写真のひもの長さは100センチぐらいです。
- 相手のうでをいたくするかもしれないので、ひもを強く引っぱらないように気をつけましょう。

❓ どうなってるの？

ひもをうでからぬくしゅん間を、分かい写真でせつ明しましょう。動画も見て、練習してください。思ったよりかんたんにできますよ。

1

自分の両手を開いたりとじたりした何度めかに、かた方の手の親指を、反対がわのわに引っかけます。

2

持っていたひもをはなす

親指は引っかけたまま

親指をひもに引っかけたまま、持っていたひもをはなします。

3

すばやく両手を左右に開きます。

4

すると、ひもは相手のうでからぬけます。そのひもを相手のうでにいったんおしつけてから、引きはなします。

ポイント

- さい後にいったん相手のうでにひもをおしつけてからはなすのは、そのほうが相手は「ぬけた」とフシギに思いやすいからです。
- ひもをぬくときは、相手に気づかれないように、すばやくやりましょう。

動画が見れるよ！
動画のせつ明は5ページを見てね

★★★ かんたん

考える力がつく手品

外れないはずのひもがスルッ！

外れないはずのひもがスルッ！

42〜43ページでは、相手のうでからひもがぬけましたが、今度ははさみの持ち手のあなからひもがぬけるよ！写真の通りやればできるけど、ちょっとフシギな手品です。

用意するもの
・ひも（はしをむすんでわにしても）
・はさみ

ひもとはさみがあります

1 ひもとはさみを見せます。

はさみのあなにひもを通して、外れないようにします

ひもを真ん中あたりでおった先

2 はさみのかた方のあなからひもを通します。

3 反対がわのあなからひもを出して、

4 横に引っぱります。

5 4の★のあなに、ひもの反対がわのはしを通します。

6 はしを横に引っぱります。

44

7 さらに引っぱって、

できました

8 写真ぐらいまでキュッとなるようにします。

では、ひものはしを持ってください

9 相手にひものはしをわたします。

このままでは、ひもはぬけませんよね

10 ひもを引っぱってもらいます（このあとずっと引っぱっていてもらいます）。

> ここまでは手品のじゅんびで、**本番はここから！**
> どうやってひもをはさみのあなからぬくのか、11〜16の分かい写真でせつ明するよ。すばやくやると、スルッとぬけたように見えて相手がびっくりするよ

ところが、ぬけちゃうんですねえ

11 写真の部分のひもをつまみます。

引っぱってもひもは切れません

12 ひもを引っぱります。

次のページへつづく

45

外れないはずのひもがスルッ！／生まれた月を暗算で当てちゃおう

もちろん、はさみはかたいから、ひもは通りぬけられません

13 ひもを引いたまま、

14 はさみの下のほうへ持っていって、

15 はさみをくぐらせます。

16 はさみは持ったまま、ひもから手をはなします。

ポイント

相手が小学校低学年ぐらいの子なら、目の前でひもをぬくところを見せても、「どうしてぬけるの？フシギだなあ」と思ってくれますが、高学年の子や大人の人だと、「そうすればぬけるに決まってるよ」と、フシギに思わないかもしれません。そういう相手のときは、ひもを通したはさみにハンカチをかぶせて、ひもをぬくところを見せずにやってみてね。どうしてぬけたかわからず、びっくりしてもらえますよ。

★動画では、ハンカチを使ったバージョンも見れるよ。

引っぱっていいよ

17 相手にひもを引っぱってもらいます。

ほら、ぬけた

18 ひもがするっとぬけます。

46

考える力がつく手品

生まれた月を暗算で当てちゃおう

かんたんな暗算だけで、相手の生まれた月を当てちゃうことができます。

1 言われた通りに、暗算をしていってね。答えを口に出して言っちゃだめだよ

まず、生まれた月に2をかけてください

5月生まれの場合

5 × 2 = 10

2 その答えに2を足してください

10 + 2 = 12

3 その答えに5をかけてください

12 × 5 = 60

4 その答えに5を足してください

この数は口に出して教えてください

60 + 5 = 65

? どうなってるの?

さい後の答えから15を引いて、10でわるだけです。
この場合だと　　65−15=50
　　　　　　　　50÷10=5

ポイント

相手には、書くものや電たくを使ってもらってもかまいません。

5

65です！

わかりました。生まれたのは5月ですね

当たった！

手品がじょうずになる練習のコツ

手品がうまくなるためには、練習あるのみ！
練習するときのコツを、いくつかごしょうかいしましょう。

お客さんの目でチェックしよう

手の動きがあやしくないか、しかけが見えてしまっていないか、ということを、自分でチェックするのはむずかしいものです。かがみを見ながら練習するのもいいのですが、左右がぎゃくになるので、頭がちょっとこんらんします。できれば動画をとって、お客さんの目になって見てみましょう。家族や友だちなど、だれかに見てもらうのもいいですよ。

手や指は毎日動かそう

はじめからじょうずにできる人はいません。とくに手や指は、練習すればするほどすばやい動きやこまかい動きがうまくできるようになります。むずかしいワザにチャレンジするときは、週に1回長い時間の練習をするより、1日10分でいいから、毎日手や指を動かして練習したほうがうまくなると言われています。どんなことも、コツコツやることが大切なのですね。

セリフはあとから練習しよう

セリフはとても大切です。セリフなしなら手品をうまくできるのに、しゃべりながらだとしっぱいしてしまう、ということも多いでしょうが、さいしょはそれがふつうです。まずセリフなしで動きを身につけ、できるようになってからセリフをつけて練習してみてください。きっとうまくいくはずです。

服や道具もためしておこう

手品によっては、服のボタンやそでなどがじゃまになって、しっぱいすることがあります。本番で着る服は早めに決めておいて、かならず一度はその服を着て、練習をしておきましょう。また、手作りの道具がいる場合は、いくつか作ってためしに使ってみて、うまくいったものを本番でも使うといいでしょう。

3章 集中力がつく手品

かんさつして小さなちがいを見つけたり、
指先でこまかい動きをしたり、集中力がひつような手品です。
しっかり練習して、
本物のマジシャンみたいなワザをマスターしよう。

⭐⭐☆ ふつう

動画が見れるよ！
動画のせつ明は5ページを見てね

集中力
がつく手品

トランプがうかぶ ちょうのう力

ちょうのう力を送ると、手のひらにのせたトランプが、
ユラユラ、フワフワとうかんでいきます。
タネあかししてもわらえる、楽しい手品です。

用意するもの
トランプ

トランプがうかぶちょうのう力

ここにトランプがあります

1 すごいことが始まるようなふんい気で、話してみましょう。

1まいえらびます

2 自分でえらんでも、相手にえらんでもらってもかまいません。

タネもしかけもありません

3 表もうらも見せます。相手にわたして、たしかめてもらってもいいでしょう。

このカードを手のひらにのせて、ちょうのう力でうかせてみせましょう

4 カードをかた手にのせて、反対の手を下に当てます。

50

よ〜く見ていてくださいね。
少し動き始めたかなあ

ほ〜ら、どんどんうかんできた！

5 カードが、ユラユラとゆれながら、少しずつうかんでいきます。エネルギーを送っているように、「う〜ん」となるなど、じょうずにえんぎしましょう。

? どうなってるの？

●4でカードをのせるとき、写真のように、<mark>下になるほうの手の小指を立てて、上になるほうの手の小指と薬指の間に入れ、カードをおし上げているのです。</mark>バレないように、サッと指を組みましょう。

●カードが落ちないようにバランスをとるのはちょっとむずかしいので、カードのどこを指に当てるといいかなど、しっかり練習しておきましょう。

ポイント

●えんぎ力が大切な手品です。カードをいきなりうかせるのではなく、小さくゆらしながら少しずつうかしていったり、ちょうのう力を使っているようなふりをしたり、みんなをおどろかせましょう。

●さい後は、ちょうのう力が切れてきたえんぎをしながら、カードを少しずつ下ろしていくといいでしょう。

51

がんばれ！

バランスをとる名人なんです

集中力がつく手品

はしっこをささえるだけで、おさつが落ちないようバランスをとることができる!?

用意するもの
・1000円さつ
・10円玉

1000円さつがあります。タネもしかけもありません。この1000円さつを、ぜつみょうなバランスで立ててごらんに入れましょう

1 手に持った1000円さつを何回か引っくり返して、うら表を見せます。

ポイント 1
できるだけ、さり気なくやってしまいましょう。

この1000円さつを二つにおります

このじょうたいでかた手をはなすと、ふつうは落ちてしまいますよね

2 1000円さつを半分におり、しっかりおり目をつけます。

3 おり目がついたら、間に親指を入れて、おさつを少し開きます。

> **ポイント**
> おさつは何円さつでもかまいません。おさつくらいの大きさに切ったふつうの紙でもできます。

でもわたしは、バランスをとる名人なんですよ

4 写真のように1000円さつを両手で持ち、指のいちを調整したり、指をはなそうとしたりして、バランスをとっている様子を見せましょう。

かんぺきなバランスです！

5 かた方の指を少しずつはなしていき、さい後にスッと遠ざけます。

次のページへつづく

? どうなってるの？

● いくら名人だからって、こんなはしっこでバランスをとるのはムリ！　実は、さいしょから1000円さつの後ろに10円玉をかくし持っていて、その10円玉を重しにして1000円さつをささえているのです。

● ほかのコインでもかまわないのですが、500円玉では大きすぎてかくしにくいし、50円玉、5円玉、1円玉では軽くて重しになりにくいでしょう。

バランスをとる名人なんです

相手がわから見たところ

52ページの **3** でおさつを開いたときは、10円玉を指で上からおさえておき、ちょっと指をうかせてみたりしながら、まずおさつのバランスをとります。

自分がわから見たところ

おさつのバランスがとれたら、10円玉をおさえていた指をゆっくりとはなしていきます。

10円玉がないほうの手を、おさつからゆっくりとはなしていきます。指があせでおさつにくっついたり、おさつに息がかかったりすると、バランスがくずれることがあるので気をつけて！

ポイント

●10円玉は相手に見せない

10円玉は写真のように指の上にのせます。

おさつをのせて親指でつまみ、10円玉をかくしてから手品スタート。

うらから見たところ。

●10円玉とおさつをいっしょに持ちかえる

52ページの 2 でおさつを半分にするとき、10円玉をおさつといっしょに持ちかえます。動画を見て、おさつと指で10円玉をかくしながら、しぜんに動かせるよう練習しましょう。動きがぎこちなくなったり、10円玉を落としたりしないよう注意！

うらから見たところ。

●おさつはギュッと持たない

おさつをおって持ちかえるとき、10円玉の上から強く持ちすぎると、10円玉のあつみが相手につたわって、何かがおさつにはさまっていることがバレてしまうかもしれません。10円玉がはさまっているおさつのはしは、軽く持ちましょう。

⭐⭐⭐ がんばれ！

動画が見れるよ！
動画のせつ明は5ページを見てね

集中力がつく手品

あなたのエースはこれですね

4まいのエースの中から、相手の引いたエースをズバリ当てちゃいます。トリックはシンプルだけど、ちょっとした「しこみ」がひつようです。

用意するもの
トランプ

あなたのエースはこれですね

「ここに4まいのエースがあります」

1 4まいのエースを見せます。

「引っくり返して持ち直します」

2 引っくり返して持ち直します。

「よ〜くまぜます」

3 しっかりまぜてかまいません。

ポイント 3
まぜるとき、カードの上下の向きがかわらないようにします。

「すきなカードを1まい引いてください」

4 カードをその向きのままそろえ直して広げ、相手にさし出します。

「わたしに見せないようにして、マークを見てたしかめてください」

5 相手に1まい引いてもらいます。

6 引いたカードのマークを、相手におぼえてもらいます。

「そのまま、もどしてください」

7 のこりの3まいを相手にさし出して、すきなところに入れてもらいます。

ポイント 7

- 引いたカードを、上下の向きがかわらないようにもどしてもらうことが大切！ 相手がカードを見たら、「そのまま、もどしてください」と言ってください。こうすれば、たいていの人は、そのままの向きでもどしてくれます。
- 持ち直すよゆうをあたえないよう、カードを引いてもらってからは、できるだけ手早く進めましょう。

▶次のページへつづく

あなたのエースはこれですね

> もう一度、よ〜くまぜます

8 ここでもカードの上下の向きをかえないよう、よくまぜます。

> あなたが引いたエースはどれかなあ？

9 4まいを見ながら、考えているふりをしましょう。

> これじゃない？

> 当たった！

10 1まいぬいてうら向きにテーブルにおき、めくります。自分でめくっても、相手にめくってもらってもかまいません。

？ どうなってるの？

上下がある

これだけ上下がぎゃく

● トランプの4まいのエースのうち、ダイヤのエースのほかの3まいには、上下の向きがあります。手品を始める前に、4まいのエースの向きをそろえておきましょう。

● 相手が1まい引いて、マークを見ている間に、すばやくのこり3まいの上下をぎゃくにしておきます。つまり、ひとつだけ向きがちがっているエースが、相手の引いたエースだということ。もし向きのちがうカードがなければ、相手が引いたのは、ダイヤのエースだということです。

58

ポイント

57ページの 5 で相手が1まい引いたあと、のこり3まいをぎゃくにするときの、カードの動かし方を分かい写真でせつ明しましょう。自分の手元を見ず、目線を相手に向けたまま1〜2秒でササッとやるのが、あやしまれないコツです。

1 相手が1まい引いたあとの様子。

2 広げていたカードをたたんでいきます。

3 たたみながら、たばごと上下を回転させます。

4 カードを広げます。

5 引いたカードをその中にもどしてもらいます（57ページの 7 ）。

59

★☆☆ がんばれ！

集中力がつく手品

こすって1こへらしちゃおう

トランプにいんさつされたマークを消しちゃいます。
もちろん数字もいっしょにひとつへっちゃうよ。
箱でこすっただけなのに、フシギだね。

用意するもの
トランプ
（箱のあるもの）

ここにトランプがあります

1 トランプのたばを左手に、箱を右手に、写真のように持ちます。

ハートの5がありますね

2 箱をどけると、トランプのたばのいちばん上にハートの5があります。

この箱にはフシギな力があるんですよ

3 箱の角を、カードの真ん中のハートマークに当てます。

よ〜く見ていてくださいね

4 真ん中のハートマークをかくしたり見せたりするようにして、箱の角でカードを何度かこすります。

もういいかなあ

5 こすりつづけながら、カードがすっかりかくれるように、箱を持ってきます。

ハートの5でしたよねえ

6 箱を少しずつずらして、写真のように、真ん中のハートマークがかくれているところで、いったん止めます。

あれ？ ハートが1こへってる！

ハートの4になっちゃいました

7 サッと箱を外して、いちばん上のカードを見せます。すると、ハートの5が、なぜかハートの4になっています。

次のページへつづく

❓ どうなってるの？

箱の下にかくす

スタートするとき、さいしょから箱のうらがわにハートの4をいっしょに持っておきます。

重ねたときに、たばのほうへ

61ページの **5** で箱をトランプにぴったり重ねたとき、箱のほうからたばのほうに、ハートの4をうつせばいいのです。

多くのトランプは、カードのうらがわの絵がらと箱の絵がらが同じなので、その場合はカードをかぶせたまま、さいしょに箱のうらがわを見せてもかまいません。ただし、箱とかぶせたカードがぴったり合っていないとバレちゃいますよ。

こすって1こへらしちゃおう／すきなフルーツを当てよう

アレンジしてみよう

ハートの5からハートの4にへらすのと同じように、スペードの3からスペードの2にへらしたりすることもできます。ほかにもできるカードはあるし、へらすのではなくて、ふやすこともできますよ。いろいろな組み合わせを考えて、くふうしてみよう！

かんたん

すきなフルーツを当てよう

集中力がつく手品

9まいにやぶった紙にひとつずつフルーツの名前を書いてもらって、その中からズバリ、相手のいちばんすきなものを当てちゃいましょう！

用意するもの
- 紙
- ペン

ポイント
紙は色がついていてもかまいませんが、真っ白な紙がいちばんあやしまれません。小さすぎるとやりにくいので、ノート（B5サイズ）より大きいぐらいだといいでしょう。

「ここに1まいの紙があります」

1
相手にわたして、タネもしかけもないことをたしかめてもらってもかまいません。

「9まいの小さいメモにしたいので、おり目をつけますね」

「まず、たてに3分の1におります」

「これで9分の1になりました」

「反対がわもおります」

「次に、横に3分の1におります」

2
紙をたてに2回、横に2回おって、九つに分かれるようにおり目をつけます。そんなに正かくでなくてもかまいません。

こんなふうにおり目がつきます。

次のページへつづく

63

すきなフルーツを当てよう

「おり目にそってやぶっちゃいますね」

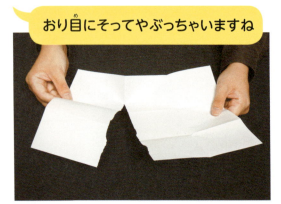

「はい、どうぞ」

3 紙を広げて、手でやぶりましょう。きれいにやぶらなくてだいじょうぶです。

4 9まいの紙を重ねて、相手にわたします。ペンもわたしましょう。

5 後ろを向いて、相手が書き終わるまで待ちます。

わたしは後ろを向いています

まず1まいめに、いちばんすきなフルーツの名前を書いてください

のこりの8まいに、何でもいいので、思いつくフルーツの名前をひとつずつ書いてください

6 後ろを向いたまま、相手がのこりの紙に全部書き終わるまで待ちます。

書き終わったら、中が見えないように、1まいずつ丸めてください

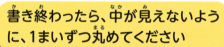

7 後ろを向いたまま、相手が丸め終わるまで待ちます。

ポイント 7
フルーツの名前を書いて、その紙を丸めてもらうまでには、ちょっと時間がかかります。「フルーツの名前を9こも書くのって意外とむずかしいよね」とか、「わたしのすきなフルーツは○○だよ」とかの会話をしてもいいでしょう。

▶ 次のページへつづく

全部丸め終わったら、まぜちゃってください

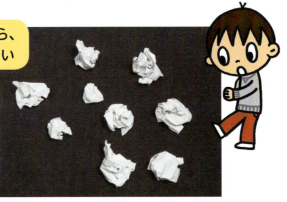

すきなフルーツを当てよう

8 相手がまぜ終わったのをかくにんしたら、向き直ります。

どんなフルーツが書いてあるのかな

この中でどれがいちばんすきなのか当てちゃうよ

これでしょ！

9 丸められた紙を開いて、ひとつずつ見ていきます。

10 その中から、相手がいちばんすきなフルーツを書いた紙をえらんで、おどろかせます。

当たり！どうしてわかるの？

どうなってるの？

四つのはしが全部やぶれてる紙が当たり！

●図の点線（おり目）が、やぶったところです。真ん中の1まいだけ、四つのはしが全部やぶれていますね。これが目じるしです。

●64ページの４で紙を重ねてわたすとき、真ん中の紙をいちばん上にのせます。そして、「まず1まいめにいちばんすきなフルーツの名前を書いてください」と言えば、よほどひねくれ者でないかぎり、いちばん上の紙に書いてくれるはず。

●つまり、丸められた紙を広げて、四つのはしが全部やぶれている紙をさがせば、それがさいしょに書いた、いちばんすきなフルーツというわけです。

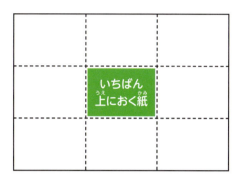

ポイント

ササッと

ビリッと

おり目をつけるときは、きっちりおってしまうと、きれいにやぶれて、目じるしがわかりにくくなります。やぶるときも同じです。きれいにやぶりすぎないようにしましょう。

67

集中力がつく手品

紙コップの中が見える見える

どのコップにコインが入っているか、なぜか、あなたには見えてしまいます。
きっと相手はびっくりするよ！

・紙コップ 3こ
・コイン

紙コップが3こと
コインが1まいあります

1 紙コップとコインをテーブルにならべます。

これから後ろを向いて、
コップが見えないようにします

2 セリフを言いながら、後ろを向きます。

紙コップのどれかに
コインをかくして、
かくし終わったら
教えてください

かくしたよ

3 相手がかくし終わるまで、後ろを向いていましょう。

> では、どこにかくしたか当てますよ
>
> 見える見える！

4 テーブルのほうに向き直ります。コップにはさわらず、中がすけて見えているようなふりをしましょう。

> この中ですね

5 コインが入っている紙コップを指さしましょう。

> ほら、ありました！

6 紙コップを持ち上げて、コインを見せます。

❓ どうなってるの？

紙コップには、たて向きの紙のつぎ目（はり合わせたところ）があります。紙コップをならべるとき、このつぎ目の線が自分から見て真ん中になるようにおいて、自分にだけわかる目じるしにします。それを知らない人が持ち上げてからもどすと、紙コップは動いてしまうので、線の向きがかわっている紙コップをさがせば、その中にコインが入っていることになります。

2のときのコップ

3ことも、つぎ目が自分から見て真ん中にそろっています。

コインをかくしたコップ

相手が動かしたコップだけ、つぎ目の場所がずれています。

69

⭐⭐☆ ふつう

わゴムの光速スピードい動

集中力がつく手品

小指と薬指にかけてあったわゴムが、手をとじて開いただけで、人さし指と中指にい動するスピード手品。

用意するもの
わゴム　2本

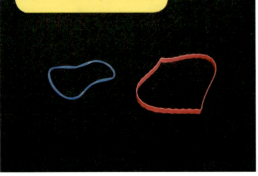

1 どんなわゴムでもかまいませんが、色ちがいだと、わかりやすくなります。

わゴムが2本あります

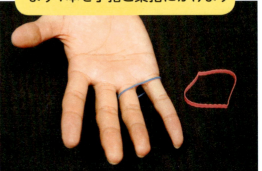

2 写真のように、かた方の手の指にわゴムをかけます。

まず1本を小指と薬指にかけます

もう1本をひねりながら、4本の指にかけていきます

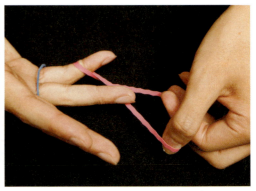

3 わゴムを指の間で1回ひねることをくり返しながら、2と同じほうの手の小指から人さし指まで、それぞれかけていきます。

これで、小指と薬指にかけたわゴムは、上にかけたわゴムを通らないと、外すことができなくなりましたね

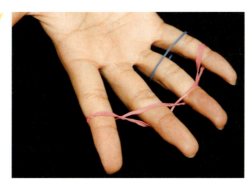

4 わゴムをかけ終わったら、手を開いて見せます。

よく見ていてくださいね

5 手を上向きにぐっとにぎって、写真のように、相手にはにぎりこぶしのほうを見せます。

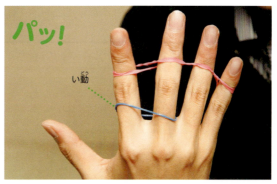

パッ！

い動

6 手を一気に開きます。すると、あらフシギ！小指と薬指にかかっていたはずのわゴムが、人さし指と中指にい動しています。

? どうなってるの？

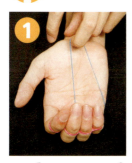

1 5で手をにぎるとき、小指と薬指にかけたわゴムのはしを、反対の手でこっそり引っぱります。

2 そのまま手をにぎって、引っぱっておいたわゴムを、4本の指にかけます。

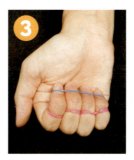

3 相手ににぎった手を見せているとき、相手からは見えない反対がわは、こんなふうになっています。

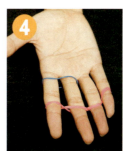

4 そのまま手を開くと、わゴムは、人さし指と中指にい動するのです。

⭐⭐⭐ がんばれ！

集中力がつく手品

1円玉だけ取り出せるかな？

500円玉の下にかくれた1円玉だけを、手を使わずにグラスの中から取り出してみせます。息のふき方が大切です。

> まず、グラスの中に1円玉を1まい入れます

> 次に、この上に500円玉をのせちゃいます

> では、グラスにもコインにもさわらずに、1円玉だけを取り出してごらんに入れましょう

1 1円玉の向きはかん係ありません。グラスの真ん中におきましょう。

2 500円玉も同じく、真ん中におきましょう。

3 見ている人のだれかに、「取り出してみてください」と言って、チャレンジしてもらってもいいでしょう。

72

> **用意するもの**
> ・1円玉
> ・500円玉
> ・カクテルグラス

> **ポイント**
> グラスのカーブの角度や深さ、息をふきこむ角度や強さなどによって、うまくいく場合といかない場合があります。グラスをかえたり、息をふく方向をかえたり、いろいろためしてみてね。

> **? どうなってるの？**
> グラスのふちに息が当たって、コインが下から持ち上がり、軽い1円玉だけが、反対がわからとび出すのです。

4 グラスの少し上から、強く息をふきかけます。500円玉とグラスのすき間をねらう感じです。うまくいけば、1円玉だけがグラスからとび出します。

> **ポイント**
> ●息のふき方は、練習をしてコツをつかみましょう。
> ●グラスの横に向かって息をふくと、グラスがたおれてしまうことがあるので、気をつけましょう。

★★☆ ふつう

集中力がつく手品

おさつにあなをあけちゃった!?

いきなりおさつにペンをブスリ！
びっくりするけど、だいじょうぶ。
あなはあいていません。

動画が見れるよ！
動画のせつ明は5ページを見てね

用意するもの
・おさつ
・ペン
・紙

おさつを紙にのせます

1 写真のように、おさつを紙にのせます。

引っくり返して、おさつのはしをおります

2 左右のはばがちがっていてもかまいません。

もう一度引っくり返します。こんなふうになっています

3 元の向きにもどします。

これを、おさつの真ん中で二つにおったら、じゅんびかんりょうです

4 おったあと、相手にゆっくり見せてかくにんさせてあげましょう。

ポイント

- 紙は白いものでなくてもかまいません。大きさは、写真のように、1000円さつより少し大きいくらいです。
- おさつは、1000円さつでなくてもかまいません。お客さんからかりると、ハラハラしておもしろいよ。

ここでペンの登場です

5 紙を開いて、おさつの真ん中にペンの先を当てます。

ペンをはさんで、かくしてしまいます

6 元のようにまた二つにおります。ここから先は、すばやく進めましょう。

7 ⑥をペンが下にくるように持ちます。

8 ペンの下を手でおして、ペンの先で紙をつきやぶります。

ポイント

「おさつにあなをあけます」と言ってはいけません。何も言わずに、いきなりペンをつきさすから、みんなはびっくりするのです。

だまったままどんどん進めると、見ている人がギョッとするよ！

次のページへつづく

75

おさつにあなをあけちゃった!?

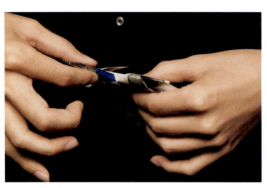

9 ペンを上のほうから引きぬき、あなをあけたことがわかるようにしましょう。

10 おり目を開いておさつから紙を引きぬいて、紙の真ん中にあながあいていることを見せましょう。

ポイント 10
紙を引きぬくとき、おさつの真ん中を指でかくして、見せないように持つことが大切。ここであながあいていないことがわかってしまうと、おもしろさがへってしまいます。

びっくりしたでしょ。でも、だいじょうぶ

ほら、おさつにあなはあいていませんから

11 おさつの真ん中から指をはなして、あながあいていないことを見せましょう。

❓ どうなってるの？

 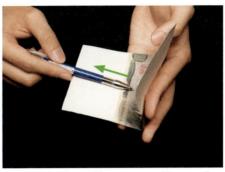

① 75ページの **5**〜**6** で、おさつの真ん中にペンの先を当てて紙をおるとき、紙をおる手の動きに合わせて、ペンの先を、気づかれないように少しずつ引きます。

② ペンの先がおさつから外れたら、ペンの先を、おさつと紙の間にすばやく入れます。

③ こうすると、ペンはおさつに当たっていないので、ペンをおしてあながあくのは、紙だけですむのです。

動画が見れるよ！
動画のせつ明は5ページを見てね

★★★ がんばれ！

集中力がつく手品

おさつを二つに切っちゃった!?

これも、いきなりビックリ手品です。
おさつをはさみでチョキン！
もちろんだいじょうぶなんですけどね。

用意するもの
・おさつ
・はさみ
・新聞紙

おさつを二つに切っちゃった!?

1 1000円さつが1まいあります

2 まず、半分におります

3 もう1回おります

きれいにおったほうが、あとがやりやすいので、真っすぐおりましょう。

4 ここに新聞紙があります

二つにおった新聞紙を見せます。

ていねいに
おりすぎると
あやしまれるので、
サッとおろう！

ポイント 4

新聞紙は写真のようにおって、手品を始める前にポケットに入れておき、向きに注意しながら取り出します。テーブルの上においてから、手品を始めてもかまいません。この新聞紙にしかけがあるんじゃないかとあやしまれないように、「ここはまだじゅんびのだん階」といった様子で、どんどん進めていきましょう。

78

ポイント

- 紙は何でもかまいませんが、あらかじめ切って用意しておくので、白い紙より、新聞紙のほうが、あやしまれにくいでしょう。
- おさつは、1000円さつでなくてもかまいません。お客さんからかりると、ハラハラしておもしろいよ。

おさつを新聞紙にはさみます

5 新聞紙の上からおさつをスッと入れましょう。

じゅんびはもう少しです

6 はさんだ様子を、相手に正面から見せます。

新聞紙ごと二つにおります

7 真ん中（6の点線のところ）から、二つにおります。

これで、じゅんびはほぼ終わりました

8 おったあと、相手にしっかり見せましょう。

▶次のページへつづく

おさつを二つに切っちゃった!?

> さあ、ここからが本番！　この新聞紙と1000円さつを、いっしょに切っちゃいます

9 はさみを取り出し、おった部分にさしこみます。

10 はさみをしっかりさしこんで、一気に切ります。

> さて、どうなっているかな？

11 新聞紙ごと、おった部分を広げます。

12 まず、1000円さつを手にとって広げていきます。

> ほら、切れていません。よかったねえ

13 おさつを相手にわたして、切れていないことをたしかめてもらいましょう。

> さて、新聞紙のほうは？

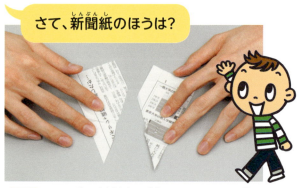

14 さい後に新聞紙を広げて、ちゃんと切りはなされていることを見せましょう。

❓ どうなってるの？

下じゅんび

手品を始める前に、新聞紙にちょっとしたしかけをしておきます。

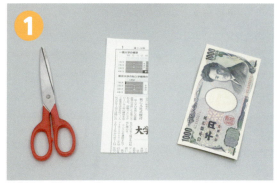

1 新聞紙の大きさに決まりはありませんが、写真のように、おさつより少し細長いくらいに切っておきます。

2 Ｖ字になるようにおります。

3 おって重なった部分の、上の1まいの中央を、写真のように切ります。

4 このように切れていればオーケーです。

▶次のページへつづく

81

❓ どうなってるの？

🟧 タネあかし

はさみを入れるところをまちがえると、おさつを切ってしまうことになるので注意！

おさつを二つに切っちゃった!?

1 相手がわから見たところ　　　　自分がわから見たところ

79ページの 5 で、おさつを新聞紙にはさむとき、新聞紙に入れておいた切りこみに、おさつを通します。

★と★が合うようにする

2

80ページの 10 で、はさみをさしこんだ様子（新聞紙をたたんだじょうたい）。
この角度からだと、新聞紙といっしょにおさつも切れてしまいそうに見えますが、はさみのはは、おさつの外がわにあります。

🟩 ポイント

5 でおさつをはさむときや、9 ではさみをさしこむとき、向きや場所をまちがえないようにすることが大切です。時間をかけずにはさみを入れられるようになるまで、おさつのサイズに切った紙を使って、しっかり練習しましょう。

ここにお札がないので切れない

わかりやすくするために自分がわから見て、新聞紙のおり目を広げたじょうたいで、はさみを入れています。

82

4章

理系力
がつく手品

手品の中には、
算数や科学などの決まりを使ったものがあります。
みんなをおどろかせて、自分も楽しんで、
おまけにかしこくなれる、おトクな手品だよ!

ふつう

理系力がつく手品

思い通りにゆれるふり子

じっと見つめるだけで、
動かしたい5円玉だけをゆらせるよ。
自分でもビックリ！

用意するもの
- 5円玉 3まい
- 糸
- わりばし

じゅんびしておこう

3まいの5円玉に、それぞれ長さのちがう糸をむすびつけます。糸の長さに決まりはありません。短い糸の5円玉のほうをはしにして、短いじゅんにわりばしにむすびます。

すきな5円玉を指さしてください。
その5円玉だけをゆらしてみせます。

1 5円玉がゆれないように、わりばしを真っすぐ持ちます。

> **? どうなってるの？**
>
> <mark>ふり子は、糸の長さによってゆれ方がちがいます。長いほど、大きくゆっくりゆれます。</mark>だから、ゆらしたいふり子のゆれ方に合わせて手を動かせば、そのふり子だけが大きくゆれます。では、どうしてそのゆれ方を見つけることができるのでしょうか？ <mark>人間にはもともと、ねらったふり子と「息を合わせる」力</mark>がそなわっているのです。フシギだけど、ためしてみてくださいね。

はしっこ

真ん中

手前

2 相手がえらんだ5円玉だけをゆらしてみせます。どの5円玉でもできるので、じゅん番にえらんでもらって、ほかの5円玉もゆらしてみせましょう。

> **ポイント**
>
> ゆらしたい5円玉をじっと見つめて、少しずつわりばしを動かすと、その5円玉だけが動き始めます。動き始めたら、その5円玉のゆれを大きくしようと思うだけで、ほかの5円玉は止まったまま、その5円玉だけが大きくゆれます。

★★☆ ふつう

理系力がつく手品

思い通りに切れる糸

やっている自分も、ちょっとフシギな気持ちになってしまう手品です。力の入れ方をかえるだけで、糸の切りたいところが切れちゃうんです。

用意するもの
- 5円玉　5まいくらい
- 糸
- セロハンテープ

じゅんびしておこう

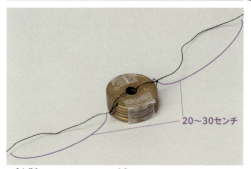

20〜30センチ

5円玉を5まいくらい重ねて、セロハンテープでくっつけます。その5円玉のあなに糸を通してしっかりとむすび、20〜30センチのところで切ります。これを2本つけます。

ポイント
5円玉のまい数に決まりはありませんが、重さが大切なので、少なすぎるとせいこうりつは下がります。5まいより多く使いましょう。

> 5円玉の上がわの糸か、下がわの糸か、すきなほうをえらんでください

> こうやって糸の両はしを持ったまま、えらんだがわの糸だけを切ってごらんに入れましょう

1 5円玉を真ん中にして、左右の手に糸の先をしっかり持ちます。上下に向けてピンと引っぱってかまえ、相手に見せます。

> **ポイント**
> コツがつかめれば、だれにでもできます。何回か練習してみましょう。

2 どっちがいいですか？

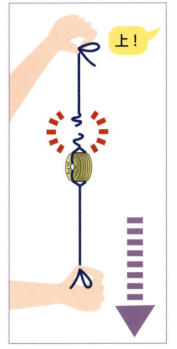

下の糸をゆっくり引っぱると、上がわの糸が切れます。
★そのまま5円玉が下へ落ちるので、その重さにつられて、下の糸が切れることもあります。

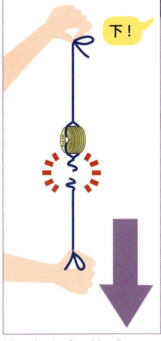

下の糸を一気に強く引っぱると、下がわの糸が切れます。

> **? どうなってるの？**
> 下の糸をゆっくり引っぱると、引っぱる力と5円玉の重さがいっしょに上がわの糸にかかるので、上の糸が切れます。
> 下の糸を一気に強く引っぱると、5円玉をその場から動かないようにする力のせいで、引っぱる力が上がわの糸まであまりつたわらず、下の糸が切れます。
> ちょっとフシギだけど、これは「かんせいのほうそく」という、物理のほうそくなんですよ。

> **ポイント**
> ●切れにくい糸だとうまくいかないことがあるし、すべって手を切ってしまうこともあります。強く引っぱらなくても切れるくらいの糸を使いましょう。
> ●糸が切れると、また5円玉に新しい糸をつけるのに時間がかかってしまいます。何回かつづけてやって、相手が選んだがわの糸を切ることができるとしょう明したい場合は、5円玉と糸のしかけを、始める前にいくつか作っておくといいでしょう。

87

理系力がつく手品

⭐⭐⭐ かんたん

だんだん見えてくる10円玉

おわんのふちにかくれていて見えていなかった10円玉が、
おわんに水を入れていくと、
少しずつ見えてくるからフシギです！

用意するもの
- 10円玉
- おわん
- セロハンテープ
- 水（ペットボトルなどに入れる）

おわんのそこに10円玉をはりつけます

1 10円玉のうらに、丸めたセロハンテープをはります。

ポイント 2
10円玉がおわんにしっかりくっついて動かなくなっていることを、相手にたしかめてもらいましょう。

2 おわんのそこの真ん中に、10円玉をはりつけます。

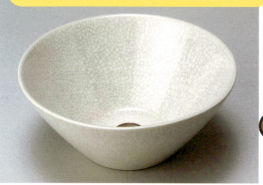

少しずつ頭を下げていって、10円玉が見えなくなったら止まってください

3 10円玉がおわんのふちにかくれて見えなくなるところまで、頭を下げていってもらいます。

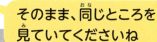

そのまま、同じところを見ていてくださいね

水を入れます。
10円玉が見えてきますよ

4 10円玉が見えなくなったところで止まってもらいます。

5 おわんに水を入れていくと、だんだん10円玉が水にうかぶように見えてきます。

❓ どうなってるの？

目で物が見えるのは、目が光をキャッチしているからです。その光は、ふつうは真っすぐ進むのですが、水の表面を通るときは、少し曲がってしまいます（光のくっせつ）。だから、おわんに水を入れると、10円玉が見えてくるのです。

水を入れていないとき　　　水を入れたとき

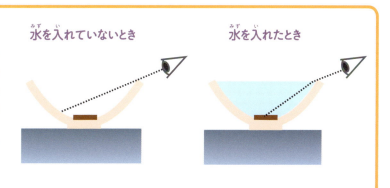

89

理系力がつく手品

★★★ ふつう

うかんで消える10円玉

コップの下においたはずなのに10円玉がういたり消えたり。フシギな手品です。

用意するもの
- とう明のコップ
- 10円玉
- コースター
- 水（ペットボトルなどに入れる）

> 10円玉をよく見ていてくださいね

1
10円玉の上にコップをおきます。10円玉をコップの中に入れないよう、気をつけて！

> 水を入れていきます

2
ゆっくりと、できるだけ波立たないように、水を入れていきます。

> 10円玉がういてきたでしょ？

3
10円玉が、水面にうかび上がってくるように見えます。

ポイント
写真のような、まっすぐでとう明で、円の大きさが10円玉の2倍ぐらいのコップだと、うかんで見えやすいですよ。とう明でも、くもった感じだったり、ガラスにかざりがあると、向こうが見えにくくてうまくいきにくいでしょう。

? どうなってるの？

● 「だんだん見えてくる10円玉」(88〜89ページ)と同じように、「光のくっせつ」をり用した手品です。コップに水を入れると光がおれ曲がるので、10円玉がうかんだように見えるのです。

● みんな、「とう明なものの向こうがわにあるものは、そのまま見える」と思いこんでしまいがちです。だから10円玉のいちがかわったと思って、フシギな気持ちになるんですね。

どう？ 今10円玉はどこにある？

4 ういてる！
コップのふちギリギリより少し下で、水を入れるのをやめます。

じゃあ、コースターをのっけたら？

5 消えた！
コースターをコップの上にのせます。

ほら、10円玉はなくなっていませんよ

6 さい後にコップをどかして、10円玉が元通りコップの下にあることを見せましょう。

ポイント 5
コースターの代わりに手でふたをしてもだいじょうぶ。10円玉はちゃんと消えます。

★★★ かんたん

ひとつだけ落とせない10円玉

理系力がつく手品

どんなに動かそうと思っても、自分の指を動かせなくなります。まほう？　金しばり！？いえいえ、それが体の仕組みなんです。

用意するもの
10円玉　4まい

この4まいの10円玉を両手の指ではさんでください。中指にははさまなくていいですよ

1 相手に、中指のほかの4本の指に、10円玉を1まいずつはさんでもらいます。

中指だけ曲げてください

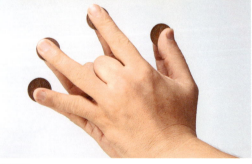

2 両手の中指だけを、写真のように、内がわに曲げてもらいます。

親指の間の10円玉だけ落としてください

3 親指ではさんだ10円玉を落としてもらいます。

ポイント 1 2
ここまでは手品のじゅんびです。4まいの10円玉をひとりで指にはさむのは少しむずかしいので、手つだってあげてもオーケーです。

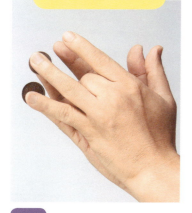

> 人さし指の間の10円玉だけ落としてください

4
人さし指ではさんだ10円玉を落としてもらいます。

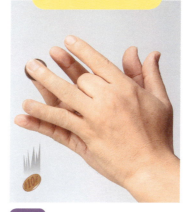

> 小指の間の10円玉だけ落としてください

5
小指ではさんだ10円玉を落としてもらいます。

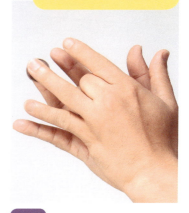

> さい後に、薬指の間の10円玉を落としてください

6
10円玉を落とそうと思っても、薬指を開くことはできないはず。

? どうなってるの？

中指と薬指は、おたがいのきん肉のむすびつきが強く、いっしょに動きやすくなっています。だから、中指が開かないような形で手を合わせると、薬指も開かなくなってしまうのです。

⭐⭐☆ ふつう

ハンドパワーで回る風車

この風車にはタネもしかけもありません。
本当にハンドパワーで回るんです。
パワーはみんなにあるよ！

用意するもの
・5センチ四方くらいの紙
・つまようじ

理系力がつく手品

かんたんな風車を作りましょう

1 紙を半分におります。つめでしごいて、しっかりおり目をつけます。

2 紙をいったん開いて、おり目が十文字になるように、もうひとつおり目をつけます。

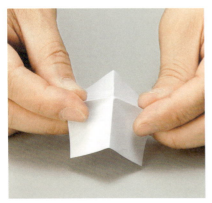

3 写真のように、おり目の山をつまんで、かさのような形にします。

つまようじにのせて、風車のでき上がり

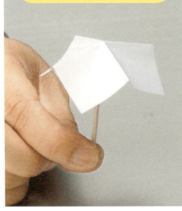

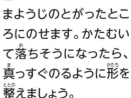

4 3の紙の真ん中を、つまようじのとがったところにのせます。かたむいて落ちそうになったら、真っすぐのるように形を整えましょう。

94

どうなってるの？

空気は、あたたまると軽くなって、上に上っていきます。これを「上しょう気流」と言います。上しょう気流は、ちょっとの手の温もりでも発生し、小さな風車を回すくらいの力も持っているのです。

ハンドパワー！

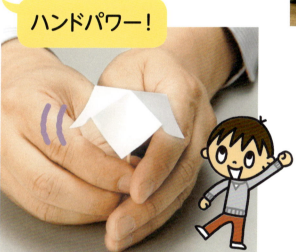

5 両手でつつみこむように持って、パワーをこめるふりをしましょう。しばらくすると、風車がゆっくりと回り始めます。

写真のように、つまようじを消しゴムにさして、両手でつつみこむようにすると、もっとよく回ります。

ポイント

- うすくて軽い紙のほうが、よく回ります。できるだけきれいな正方形に切りましょう。
- 部屋の温度がひくめで、手があたたかいほど、よく回ります。お湯に手を入れたり、両手をこすり合わせたりしてあたためておきましょう。部屋の温度が高いと、うまくいきにくくなります。

- 息をふきかけて回しているのではないことをしんじてもらいたかったら、マスクをするといいでしょう。

★★★ かんたん

理系力がつく手品

あなが大きくなった!?

1円玉と500円玉、もちろん1円玉のほうが小さいよね。
でも、1円玉の大きさのあなを、
なぜか500円玉が通りぬけちゃうよ！

用意するもの
- 1円玉
- 500円玉
- 紙
- ペン
- はさみ

あなが大きくなった!?

紙に、1円玉と同じ大きさのあなをあけます

1 紙を真ん中でおって、おったはしに1円玉が半分のるようにおいて、ペンでふちをなぞって半円を書きます。

2 書いた線にそって切りぬきます。おったまま切れば、かんたんに丸く切りぬけるよ。

では、このあなに500円玉を通してみましょう

3 あなのところに500円玉をおいて、500円玉のほうがあなより大きいことをみんなに見せましょう。

あなにつかえた500円玉

ほらね。通ったでしょ

ポトリ

4
写真のように、ゆっくり紙を曲げていくと、500円玉があなから落ちます。

ポイント 4
力を入れすぎたりすると、紙がやぶれてしまうことがあるので注意！

5
紙を広げて、あなの横に500円玉をおいて、あなのほうが小さいことを見せましょう。

 どうなってるの？

「1円玉と同じ大きさのあなより、500円玉のほうが大きい」というのは当たり前ですが、それは平らな紙の上での話です。写真のように、あなの部分が立体的になるよう紙を曲げると、あなのはばは500円玉が通れる大きさに広がります。紙そのものはのびないので、「おり曲げればあなは広がる」ということになかなか気づかず、500円玉が通りぬけることをフシギに思うんですね。

97

理系力がつく手品

ティッシュのフラダンス

⭐⭐⭐ かんたん

かんたんだけど、みんなで楽しめる手品です。くふうしだいで、いろんな見せ方ができます。

用意するもの
・ティッシュペーパー
・ストロー

1 ティッシュを1まいにします

ほとんどのティッシュペーパーは、うすい紙が2まい重ねになっています。それをはがして、1まいだけにしましょう。

2 はしっこのほうを切り取りますね

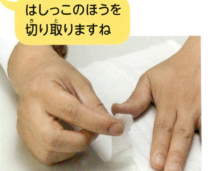

1まいにしたティッシュペーパーを細長くちぎり取ります。

3 ストローでまほうをかけると、ティッシュがおどりだすよ

ぬのでよくこすっておいたストローの先を、かたはしを指でおさえたティッシュに近づけると、ティッシュがフラフラと立ち上がってゆれ始めます。

? どうなってるの?

せい電気を使った手品です。ストローをぬのでこすると、小さな電気が発生して、その力でティッシュをすいつけるのです。

ポイント

せい電気は、長い時間はつづきません。ティッシュがストローにつかなくなったら、「まほうが切れたかな? エネルギーをふっ活させなきゃ!」などと言って、ストローをまたぬのでこするといいでしょう。

アレンジしてみよう
ティッシュの先に顔の絵をかくと、人形がおどっているみたいで楽しいよ。

5章 コミュ力がつく手品

お客さんの注意をそらしたり、かんちがいをさせたり、
おしゃべりテクニックやえんぎ力は手品に大事!
相手をわらわせたり、フシギがらせて、
もっとなかよくなれちゃう手品だよ。

⭐⭐☆ ふつう

> コミュ力がつく手品

手のひらで頭の中をお見通し

相手にえらんでもらったクレヨンの色を、見ないで当てます。
手のひらで、相手の頭の中を読みとれるってホント!?

> すきな色のクレヨンを1本えらんで、ふうとうに入れてください

> わたしは見ないように、後ろを向いています。あとで、えらんだ色を当ててみせますよ

> のこりのクレヨンはかくしてくださいね。箱を見ると、何色がなくなっているか、わかってしまいますから

1 相手にクレヨンとふうとうをわたし、自分は後ろを向きます。タネもしかけもないことをたしかめてもらいましょう。

2 後ろを向いたまま、セリフを言います。

> できましたか?

3 相手がクレヨンをふうとうに入れたのをかくにんしたら、元の向きにもどって、そのふうとうをもらいます。

用意するもの	ポイント
・クレヨン 一箱 ・ふうとう	ふうとうは、クレヨンを入れても、すけて見えないものにしましょう。中に指を入れやすく、すけて見えないものなら、ぬのぶくろなどでもかまいません。

> 中は見ないで、ふうとうの上から、指で色を感じとりますよ

> ……う〜ん、よくわかりませんねえ

> ちょっと頭の中を見せてもらいますよ

> わかった！ 水色でしょう！

> 当たり！

4 ふうとうを持ったまま両手をせなかに回して、目で見ていないことをアピールします。

5 かた手を相手の頭に当てて、頭の中を見ているふりをします。

❓ どうなってるの？

ふうとうをせなかに回したら、すばやくふうとうの中に指を入れて、クレヨンを引っかき、つめの間にクレヨンが少し入るようにします。**5**で相手の頭に手をのせたとき、この指を見れば、何色のクレヨンだったかわかるというわけです。

101

ふつう

指に丸じるしが写っちゃった

コミュ力がつく手品

紙にペンで丸じるしをかくと、なぜか指も丸くへっこんでしまいます。丸が飛んで指にうつったの?

用意するもの
・ノック式ボールペン
・紙

まず、わたしの手の形をなぞります

1 紙の上に自分のかた方の手をおいて、ボールペンで手の形をなぞります。

はい、できました。では、どの指でもいいので、この手の絵の中ですきな指をえらんでください

2 絵の中の指をひとつえらんでもらいます。

はい、○○指ですね

では、この指にしるしをつけましょう

3 相手がえらんだ指のところに、ボールペンで丸じるしをかきます。かき終わったら、ボールペンの先を引っこめます。

ポイント

- ボールペンは、はしをおすとペンの先が引っこむ「ノック式」のものを使います。
- むずかしいテクニックはいりませんが、相手に気づかれないようにしなくてはならないしかけがあるので、うまくえんぎしてください。

> その丸じるしを指でかくして、10数えたらはなしてください

4 相手に気づかれないように、さり気なくボールペンを反対の手に持ちかえます。

> はい、いいでしょう

5 相手が10数え終わって指をどけたら、手形に自分の手をぴったりと合わせてのせます。

> えいっ！

6 いっしゅん気合いを入れて、パッと手のひらを返すと、しるしをつけたのと同じ指に丸が写っています。

? どうなってるの？

- **4** で相手が丸じるしをおさえている間に、ボールペンを持ちかえ、しるしと同じ指にボールペンの先をこっそりおしつけて、あなの丸のあとをつけているのです。

- **3** でボールペンの先を引っこめるとき、また、**4** でボールペンを持ちかえるとき、ボールペンのほうを見ないでさり気なくすること。相手の注意を、紙にかいた絵のほうに引きつけておきましょう。

コミュ力がつく手品

消すものをまちがっちゃった

★★★ ふつう

バレちゃうことは計算ずみ。しかけがバレちゃって、みんなが大ばくしょうするところまでが、この手品の楽しさです。

用意するもの
・ペン
・コイン

💬 このペンは、まほう使いのつえのようなものです。このペンの力で、コインを消してごらんに入れましょう

1 写真のようにコインを手のひらにのせて、反対の手でペンをかまえます。

💬 えい！

2 ペンをふりかぶって、「えい！」と声をかけながら、コインに向けてふり下ろします。

💬 えいっ！

3 1回ペンをふっただけでは、コインは消えません。どんどんパワーアップしていく感じで、何回かペンをふりつづけます。

> **ポイント**
> - コインに注目を集めて、ペンを目で追う人がいなくなるように、「コインを消します」というセリフは、かならず言いましょう。「コインをよく見ていてくださいね」などと言うのもこうかがあります。
> - コインをのせた手は、できるだけ前に出して相手に近づけ、自分の顔まわりから遠くなるようにしましょう。

あれ？　まちがってペンを消しちゃった！

4 そして何回めかに、コインではなくペンが消えてしまいます。

? どうなってるの？

● さい後にペンをふり上げたとき、耳の上にペンをさしてしまうだけです。いっしゅん「えっ？」とびっくりするけど、耳にはさまっているペンをだれかが見つけて大ばくしょう！　そんな楽しい手品です。

● ペンを耳にはさむのがむずかしいようだったら、写真のように、服のえり元にペンをつっこんでもいいでしょう。

☆☆☆ がんばれ！

コミュ力がつく手品

あなたの見たカードは3ですね

三つの山を作ってカードをめくると、3のカードばかりが出てきます。かんたんなしかけでわらえてびっくりできる、楽しい手品です。

用意するもの　トランプ

さいしょに注意！

始めるときに「今から、3ですねという手品をやります」などと言ってはいけません。「3ですね」は、しかけにかん係する大切な言葉だからです。

ここに一組のトランプがあります

1 テーブルの上にトランプのたばをおきます。

4まいならべます

2 たばを手に持って、上から4まいをうら向きに、相手の前にならべます。

どれか1まい、すきなカードを指さしてください

これっ！

3 4まいの中から、相手に1まいえらんでもらいます。

そのカードをわたしに見せないようにめくって、おぼえてください

4 「おぼえてください」と言ったら、すぐ次のセリフを言います。

そのカードは、手元にふせておいてください

カードを配っていきますから、すきなところで「ストップ」と言ってください

5 と言いながら、テーブルの上にのこっている3まいを、手に持っているたばの上にのせていきます。

6 手に持っているたばの上から、1まいずつテーブルに重ねていきます。

ポイント 6
テーブルの上に3まいより多くのせてから「ストップ」と言ってもらわないと、手品がなり立ちません。「すきなところでストップと言ってください」というセリフは、3まいより多く重ねてから言いましょう。

7 相手が「ストップ」と言ったら、重ねていた手を止めます。

こちらをあなたにわたすので、わたしの言う通りにしてください

8 テーブル上にできたカードのたばを相手にそのままわたします。

そのカードを1まいずつ、さっき見ておぼえたカードの数字と同じ数の山に分けてください

4 でえらんだカードはふせたまま

9 相手が **4** でえらんだカードと同じ数の山に分けてもらいます。このときは、まだあなたは、さっきのカードが何なのかは知らないことになっています。

次のページへつづく

107

あなたの見たカードは3ですね

> わかりました。さっきあなたが見たカードは、3ですね！

10 山を三つ作ったのだから、3だったのは当たり前。だれにでもわかります。ギャグっぽく言いましょう。

> 問題は、その3のカードが何のマークだったかということです

11 三つの山のいちばん上のカードを1まいずつめくっていきます。

> なるほど。だんだんわかってきましたよ

12 相手は「あれっ？3ばかり出てくるぞ」と、フシギに思い始めます。

> ということは…

13 3まいをめくり終わったら、相手の顔を見てニヤリとわらいましょう。

> つまり、あなたがおぼえたのは、クローバーの3ですね

14 さい後に、相手にふせておいてもらったカードをめくってもらいましょう。

> どうしてえらんだカードがわかったの？
>
> 同じ数字のカードがそろうのはナゼ??

どうなってるの？

下じゅんび

手品を始める前に、4まいの3のカードをたばのいちばん上（写真のようにカードを表に返したじょうたいではいちばん下）に入れておきます。つまり、106ページの **1** でテーブルの上においたたばの上から4まいは、全て**3**なのです。

タネあかし

1 107ページの **5** で、テーブルからたばの上にもどした3まいのカードは、すべて3です。3まいのカードは、さり気なくたばにもどしましょう。

2 この3まいは、**6**～**7** では、テーブルに作っていく山 ㋐ のいちばん下になります。

3 **8** で、㋐を相手にそのまままわたすので、下から3まいは、3のカードのままです。

4 **9** で、相手が、㋐を上から1まいずつ三つの山に分けていくので、いちばん下にあった3まいの3は、それぞれ三つの山のいちばん上にならびます。

ポイント

● 手品を始めるとき、「カードをまぜないの？」「どうして4まいなの？」などと相手が考える時間をあたえないよう、いきなりならべ始めて、こっちのペースに引きこみましょう。

● **10** で相手が山を三つに分けたら、「3ですね」と言うところが大切です。ここで相手が「3ですね」がジョークだということに気づかず、数字を当てられたと思ってびっくりしたら、「びっくりしないでください。山を三つに分けたんだから、3に決まってます」と言い、わらわせてから進めましょう。

⭐⭐⭐ ふつう

コミュ力がつく手品

ねん力でのぼる5円玉ロープウェー

ゴムの坂道を、5円玉がロープウェーのように、ゆっくりとのぼっていきます。
ねん力を送るときのえんぎが見せどころ！

> 5円玉とわゴムがあります。この5円玉にねん力を送って、ロープウエーのように、ゴムをのぼらせてごらんに入れましょう

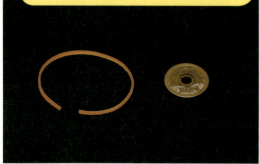

1 わゴムは1カ所を切って、1本のひものようにしておきます。みんなの目の前で切ってもかまいません。

> 5円玉にゴムを通します

2 5円玉のあなにゴムを通します。

> ゴムをピンとはります

3 あなに通したゴムの先をつまんで引っぱります。

ポイント 3

● 「う〜ん。こまかくてなかなかむずかしいんです」などと言いながら、両手を自分のそばに引きよせ、相手からさり気なく遠ざけると、バレにくくなります。
● ゴムの持ち方がふしぜんだと、タネがバレてしまうきけんがあります。あやしまれないように、練習しておきましょう。

用意するもの	ポイント
・わゴム ・5円玉	すべりにくいゴムのほうがやりやすいので、ちょっと太めのわゴムを使いましょう。

> さあ、ねん力を送ります。
> よく見ていてくださいね。
> 坂道を5円玉がのぼっていきますよ

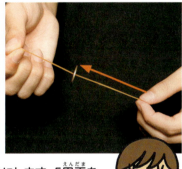

4 ゴムをピンとはったまま、かた方のはしを少し上げて、坂のようにします。5円玉を見つめて、ねん力を送るふりをしましょう。5円玉がゴムをのぼっていきます。のぼりきったら、ねん力を出すのにつかれた感じで「ふ〜っ」とため息をついたりすると、おもしろいよ。

? どうなってるの？

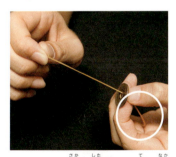

さいしょに、坂の下がわの手の中に、ゴムのはしをあまらせておきます。みんなからは見えないように、くふうして持ちましょう。

ゴムをピンとはったら、手の中のあまったゴムを少しずつくり出していきます。つまり、5円玉はのぼっているのではなく、ゴムの同じ場所にぶら下がったまま、ゴムがくり出されることで、上のほうに動いていき、のぼっているように見えるのです。

コミュ力がつく手品

新聞紙が消してしまうもの

がんばれ！

コインが消えると思っていたら、
なんとコップが消えてビックリ！
えんぎ力がいる手品です。

用意するもの
・コイン
・新聞紙
・とう明のコップ

新聞紙が消してしまうもの

コインとコップと新聞紙があります。タネもしかけもありません

これから、コップと新聞紙を使ってコインを消してしまいましょう

1 本当にタネもしかけもないので、手にとってたしかめてもらいましょう。

コインにコップをかぶせます

2 正面にコインをおき、コップをかぶせて手品を始めます。

次に、コップを新聞紙でおおいます

3 コップの形が外からわかるように、新聞紙でコップをしっかりつつみます。

112

> では、コップの中のコインを消してしまいますよ。コインよ消えろ〜

4 しっかりおさえて、ねん力を送るえんぎをしましょう。

> 消えたかな？ あれ？ まだありますねえ。ねん力が足りないようです

5 自信まんまんな顔をして、新聞紙でおおったコップを少しうかせて、自分のほうに引きます。でもコインは消えていなくて、その様子を相手に見せます。

ポイント 5
本当は消えているはずのコインが消えていなかったのです。「平気な顔をしてごまかそうとしている」えんぎをしてください。

> コインよ消えろ！ コインよ消えろ！

6 新聞紙でおおったコップを、もう一度コインにかぶせて、ねん力を送るえんぎをします。

> あれっ？ おっかしいなあ

7 また新聞紙ごとコップを少しうかせて、自分のほうに引きよせます。でもコインは消えていなくて、その様子を相手に見せます。コインを見つめたまま、こまっているえんぎをしてください。

次のページへつづく

113

新聞紙が消してしまうもの

「すみません。コインが消えるはずだったんですけど。どうも練習が足りなかったみたいです」

「もう1回やらせてください。今度こそ消してみせますから」

「消えてくれ〜　消えてくれ〜」

8 こんな言いわけをして、新聞紙でおおったコップを、またコインにかぶせます。

9 さらに強くねん力を送ります。ひっしな感じがつたわるように、手元をじっと見つめてやりましょう。

ポイント 9
強くねん力を送っていますが、手に力を入れたり、動かしたりしないようにしましょう。タネがバレてしまうきけんがあります。

「あれっ？コップが消えちゃった！」

10 ここからは一気にやります。急にかた手を新聞紙からはなしてふり上げ、力強く新聞紙を上からつぶします。

114

❓ どうなってるの？

113ページの 7 で、コップを自分のほうに引いたとき、テーブルより手前まで持ってきてから少し手をゆるめて、コップだけをすばやくひざの上に落とします。

コップが
ぬけ落ちたあな

コップをゆかに落とさないよう、ひざをそろえておきましょう。
★コップはガラスなど重さのあるものが落としやすいです。

🟠 ポイント

● コップをひざに落としたあとも、新聞紙をコップの形にしっかりキープしましょう。

8 ではもう、新聞紙の中にコップは入ってなくて、空っぽです。

● 手品を始める前に「コインを消します」と言うのを忘れないようにしましょう。本当はコップを消すのですが、「コインを消す手品なんだ」と思いこませておくことで、コインに相手の注意を集中させるのです。そうすれば、コップをひざに落とすときもバレにくいし、さい後に新聞紙がつぶれてコップが消えたときのおどろきも大きくなるのです。

● 2回もしっぱいしてみせるのは、コップの入った新聞紙を自分のほうに引いても何もしていない、ということを思いこませるためです。5 でコップを落とさないときも、7 で落とすときも、同じ動きになるように練習しましょう。

115

コミュ力がつく手品

★★★ がんばれ！

うちゅうエネルギーで おどるペン

動画が見れるよ！
動画のせつ明は5ページを見てね

手のひらの向こうにペンがうかんで、フラフラおどり出します。
うちゅうエネルギーの力ってことにして、
みんなをワクワクさせちゃおう！

1本のペンがあります

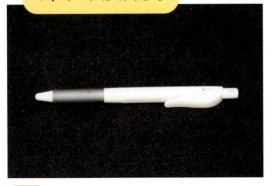

1 ただのペンで、タネもしかけもないことを、みんなにたしかめてもらいましょう。

このペンをおどらせてみましょう

2 ペンをかた手で持ちます。

うちゅうのエネルギーは、たくさんふってきているかなあ？

3 そう言って上のほうを見ましょう。そして、指を組み始めます。

4 かた手で持っていたペンを、両手を組みながら持ちかえます。

116

用意するもの
ペン

ポイント

細長いものなら、ペンでなくてもできます。ただし、細すぎず、すべりにくいものがやりやすいでしょう。

5 ペンの先は両手の親指でささえるようにします。

では、ペンをはさんでいる指をはなして、ペンをおどらせますよ

6 ペンから親指をはなします。

うちゅうエネルギーがふり注いできましたよ

7 ペンが横向きに動き始めます。

さあ、おどれ！

次のページへつづく

117

> エネルギーが強まりました！

8 ペンの動きが大きくなり、おどるように左右に動きます。「クイ〜ン」などと、エネルギーっぽい声を出すとおもしろいよ。

> だんだんとうちゅうエネルギーが弱まってきました

9 だんだん動きを弱めていき、117ページの**5**のときと同じように、両手の親指でペンをはさんで動きを止めます。

> はい、終わり

10 親指でペンをはさんだまま、そのほかの指をほどいて広げてみせ、タネもしかけもないことを、さい後にまたアピールしましょう。

❓ どうなってるの？

タネあかし

117ページの 5 の写真をよく見てください。組んでいる指の本数が2本少ないことに気づきましたか？ ちょっと見ただけだとわからないけど、実は両手とも薬指が手のひらがわに引っこめられていて、そこにペンをはさんでいるのです。

ペンの持ち方

写真を見て、ペンの持ち方を練習しましょう。指を組むときにぎくしゃくしたり、時間がかかったりすると、あやしまれるよ。

1 116ページの 3 で指を組み始め……

2 薬指の間にペンを持っていきます。

左手の薬指
右手の薬指

3 2本の薬指でしっかりはさみ、

4 6 で親指をはなしたところ（自分のがわから見た様子）。

ポイント

● 組んだ手の小指がわを、しっかりテーブルにくっつけましょう。そうすると、指が少ないことに気づかれにくくなるし、薬指につられて動いてしまいやすい小指を固定することもできます。

ここをしっかりテーブルにつける

● 116ページの 3 で「うちゅうエネルギー」と言って上のほうを見るのは、指を組む動きから、相手の注意をそらせるためのセリフです。

コミュ力がつく手品

10倍になる虫めがね

10円玉の大きさじゃなくて、金がくが10倍になる虫めがね。
そんなのがあればいいんだけど。
もちろん、これは手品です。

用意するもの
- 虫めがね
- 10円玉
- 100円玉
- 両面テープ
（なかったら丸めたセロハンテープ）

💬 10円玉が1まいあります

1 テーブルをはさんで正面にすわった相手に、手のひらにのせた10円玉を見せます。

💬 虫めがねで10円玉を見ると、どうなるかな？

2 虫めがねの上のほうから、相手に10円玉を見せます。

3 相手が体を引いて、元にもどり始めたしゅん間に……

💬 ほら、10円玉が、10倍の100円玉になりました

4 手の上のコインが100円玉にかわっています。

> **ポイント**
> 両面テープのねん着力が弱いと、うまくできません。いろいろためしてみて、しっかりコインがくっつくように練習しましょう。

❓ どうなってるの？

3 のときに、目にも止まらないはやさで、虫めがねの持ち手の先で、10円玉をつきます。

虫めがねの持ち手がはなれると、100円玉にかわっています。

相手が「あっ」と思ったときは、すでに、こうなっているときです。

いっしゅんのできごとを、4コマの分かい写真にしてみました。手に持った虫めがねの持ち手で10円玉をつくのですが、相手はこのとき、虫めがねを上からのぞいた体を元にもどそうとしているところなので、このいっしゅんの動きは、よく見ていません。「あれ？ 今何かしたでしょ？」と気づいたら、もうそのときは、10円玉が100円玉にかわっているのです。

どうして10円が100円にかわるのかは、次のページを見てね！

▶次のページへつづく

❓ どうなってるの？

10倍になる虫めがね／うかぶペットボトル

<mark>虫めがねの持ち手の先に、両面テープをはって、おしつけたものがくっつくようにしておきます。</mark>持ち手を先のほうまでにぎっていれば、相手は10円玉に注目しているので、まず気づかれることはありません。

<mark>手のひらの上の10円玉の下には、100円玉をかくしておきます。</mark>10円玉のほうが大きいので、100円玉の真上において上から見れば、100円玉は見えません。手のひらの中央を少しすぼめるようにすると、かくしやすいでしょう。

虫めがねの持ち手を深く持っておけば、10円玉がくっついたとき、こんなふうになります。

🟥 ポイント

手品を始める前も、10円玉をくっつけたあとも、虫めがねは先のほうまで持ち、持ち手の先が相手から見えないようにします。

虫めがねの持ち手を10円玉におしつけてすばやくはなすとき、手の動きにいきおいがつきます。相手の顔に虫めがねがぶつからないように、注意してください。

122

☺ ☺ ☺ ふつう

コミュ力がつく手品

うかぶペットボトル

用意するもの
ペットボトル
（飲み物が入ったままのもの。重すぎるときは、少し飲んでへらしても）

動画が見れるよ！
動画のせつ明は5ページを見てね

ねん力をこめると、ペットボトルがうかんで、フワフワゆれます。本当にうかんでいるみたいなゆらし方を、研究しよう！

ここにペットボトルがあります

これを、ちょうのう力でうかしてみせましょう

う〜ん！ういてきたよ

1 写真のように両手でペットボトルを持ちます。

2 かた手にペットボトルをのせ、反対の手でボトルを軽くささえます。

3 「う〜ん」とうなったりして、ねん力をこめるふりをしましょう。

？ どうなってるの？

1でペットボトルを持っているとき、うらがわのラベルの下に親指をさしこんでおくだけです。このとき、ゴソゴソしてバレないように、ラベルを少しゆるめておくといいよ。

4 下にあった手を横に動かすと、ボトルがフワフワとゆれます。

ポイント 4
● ペットボトルのラベルの下の親指だけを、動かすようにしましょう。
● あまり長く動かさず、5秒ぐらいで下ろすと、あやしまれないよ。

123

がんばれ！

コミュ力がつく手品

見えない糸でハンカチが動く

糸なんてないんだけど、まるで本当にあるみたいに、ハンカチを動かしてみせます。
えんぎ力をみがいて、みんなを楽しませてね！

用意するもの
ハンカチ

ここにハンカチがあります

1 ハンカチを広げて、しかけがないことがわかるよう、表とうらを見せます。

バナナのような形にします

このハンカチに糸をつけましょう

2 ハンカチの真ん中をつまみ、写真のように持ちます。

3 ハンカチの先に糸をつけるふりをします。

4 糸をつまんでいるような形のまま、指を上に持ち上げます。

5 ここからはパントマイムのようにだまってやってもいいし、いろいろおしゃべりしながらやってもいいし、音楽に合わせてやってもいいし、いろんなパターンでもり上げてください。
★動画では、ほかの動かし方もしょうかいしているので、見てね。

動きの例❶

糸を横にのばします。

引っぱると、ハンカチの先が曲がります。

糸をはなすと、ハンカチが元にもどります。

動きの例❷

糸を引っぱって、その中間を口にくわえます。

パチン

口とハンカチの間の糸を指のはさみで切ると、

ビヨ〜ン

ハンカチが、ビヨ〜ンと元にもどります。

▶次のページへつづく

125

❓ どうなってるの？

ハンカチを持っている指を、相手にわからないようにおしたり引いたりして、ハンカチを動かしているだけです。指の小さな動きだけでハンカチを動かせるように、練習しましょう。

見えない糸でハンカチが動く

自分がわから見たところ

親指と人さし指でわからないように動かす

相手がわから見たところ

親指と人さし指でわからないように動かす

真っすぐ

少したおす　　曲げる

手品から始まること

たとえば、お客さんのひとりが
「この手品知ってるよ」とか「わかった!」とか言ったらどうしますか?
もしほかにもお客さんがいたら、
「それは○○さんとわたしのひみつにしましょう」と言えばいいのです。
お客さんがその人だけだったら、
「じゃあ、うまくできるかどうか見ていてね」と言ってみましょう。
きっとその人は協力してくれるはずです。

お客さんは、タネやしかけを見やぶろうとします。
でも、お客さんはマジシャンにとって、てきではありません。
手品をせいこうさせるためには、お客さんを味方にしたほうがいいのです。
手品が終わったとき、マジシャンとお客さんが、前よりなかよくなっていたら、
手品はせいこうです。
手品から「なかよし」が始まればいいなと思います。

もうひとつ、手品から始まることがあります。
それは「くふうする楽しみ」です。
この本にある手品ができるようになったら、
やり方やセリフを自分なりにアレンジして、
オリジナルの手品を作ってみてください。
きっと「考えることって楽しいんだな」って気持ちになれるはずです。

後はいのみなさん、ワクワクする世界の旅を、手品から始めましょう!

東京大学奇術愛好会

<監修>
東京大学奇術愛好会
半世紀に及ぶ歴史を誇る、大学手品サークルの代表格。主に年3回のステージ発表（駒場祭、五月祭、発表会）を目標に、ステージマジックの腕を磨いている。また、テーブルマジックの講習会、ホテルや小学校などでマジックを披露する活動も行っている。

STAFF

代表監修（東京大学奇術愛好会OB）／大久保康平（株式会社ショウマン）
取材・文／久一哲弘
装丁・本文デザイン／今井悦子（MET）
撮影／佐山裕子（主婦の友社）　藤田政明
イラスト／小林直子（ワッキーワーク）
スタイリング／伊藤みき（tricko）
校正／北原千鶴子
モデル／北川 心　木庭 政　関口呼人・桜　玉置璃杏・向日葵・暖　早坂侑奈
動画撮影・制作／山内純子
撮影協力／舟橋厚芳、三浦 晴（東京大学奇術愛好会）　金矢麻佳
編集担当／松本可絵（主婦の友社）

頭のいい子が育つ 東大式キッズ手品

2018年 8月20日　第1刷発行
2024年12月20日　第8刷発行

監修者　東京大学奇術愛好会
発行者　大宮敏靖
発行所　株式会社主婦の友社
　　　　〒141-0021　東京都品川区上大崎3-1-1 目黒セントラルスクエア
　　　　電話 03-5280-7537（内容・不良品のお問い合わせ）
　　　　　　 049-259-1236（販売）
印刷所　大日本印刷株式会社

©Shufunotomo Co., Ltd. 2018 Printed in Japan　ISBN978-4-07-431941-1

Ⓡ本書を無断で複写複製（電子化を含む）することは、著作権法上の例外を除き、禁じられています。
本書をコピーされる場合は、事前に公益社団法人日本複製権センター（JRRC）の許諾を受けてください。
また本書を代行業者等の第三者に依頼してスキャンやデジタル化することは、
たとえ個人や家庭内での利用であっても一切認められておりません。
JRRC〈https://jrrc.or.jp　eメール：jrrc_info@jrrc.or.jp　電話：03-6809-1281〉

■〈図書館の方へ〉本書は館外貸し出し可です。
■QRコードは株式会社デンソーウェーブの登録商標です。
■本のご注文は、お近くの書店または主婦の友社コールセンター（電話0120-916-892）まで。
＊お問い合わせ受付時間　月〜金（祝日を除く）10:00〜16:00
＊個人のお客さまからのよくあるご質問のご案内　https://shufunotomo.co.jp/faq/